n Studies

間を乗り越え
未来に向かう
オーストラリア

宮崎里司　佐和田敬司　編

オセアニア出版社

巻頭言

二〇一九年にパンデミック化した、新型コロナウイルス感染症は、二〇二三年、WHO（世界保健機関）によって「国際的に懸念される公衆衛生上の緊急事態」の終了が宣言された。その影響で、世界でも類を見ないロックダウン政策を推し進めてきたオーストラリアは、経済活動も徐々活性化の兆しを見せている。二〇二二年九月現在、総人口が二六一二万人と、日本の五分の一程度であるにもかかわらず、一人当たりGDPは、二〇二三年の一人当たりの名目GDPが、六万三四八七USドルで、世界一〇位（IMF予測）となっており、同三四位の日本（三万三九五〇USドル）の二倍近くになっている。

オーストラリア統計局（ABS）の二〇二一年センサスによれば、自身が海外生まれか、親の片方が海外生まれというオーストラリア人が四〇％を超えている。また、ABSによる、「二〇二二年から七一年まで五〇年間の将来推計人口の推移」によれば、オーストラリアの総人口は、半世紀後には最大で四五九〇万人と八割近く増える可能性があり、二二年と比べて七六・四％増える見通しだ。縮む日本の人口とは好対照と言える。一方、ビクトリア州の州都メルボルンは歴史的に民族連鎖が顕著な都市で、主流派民族集団が移民としてやって来た後、新来移民が入り込み、さらに別の新来移民が先行移民が出た後に居住するという連鎖が起こっている。顕著なのは、祖国の紛争関係を抱えた国からの移民同士が同じ地域で暮らし、紛争もそのまま国内問題へ移行している点で、人口増加と移民政策の軋轢が起きている。文化多元主義のオーストラリアのような避難国家の国是と言える。

そうした背景の中、今回論考を寄せていただいた方々は、コロナ禍を乗り越え、新たなビジョンを持った時代の構築に挑んでおり、日本も、大いに参考にすべき点があると考えられる。ここで、すべての寄稿論文の概要を、掲載順に紹介することにする。

宮崎の論文は、ポストコロナで、移民流入が再開した中で、改めて、語学教育における、"Native Speakerism"と呼ばれる、母語話者優先主義の現況を検証し、そうした確証バイアスに基づく、母語話者教師信仰の再考を促している。そして、母語話者教師（Native Speaking Teachers: NSTs）と、非母語話者教師（Non-Native Speaking Teachers: NNSTs）という二項対立構造を超えた、意義のある第二言語習得環境の構築と共に、学習者や母語話者教師の二一世紀型スキルの向上をめざした捉え方を提言した。

樋口論文「コロナ禍におけるオーストラリアの教育と家族の対応」では、遠隔教育の先進国として知られるオーストラリアにおいて、コロナ禍を例としたパンデミック下では、学校教育だけではなく、各家庭における教育対応をどのように工夫すればよいのかを丁寧に検証し、平時より自宅学習をはじめとした遠隔教育の実践と研究を重ねることで、有事の際にも迅速に情報提供を図ることが可能となると提言している点が示唆に富んでいる。

続く、「複数言語環境に生きる子どもへの「ことばの教育」実践」に関する中野論文も、日本語教師であり、一人の親である筆者自身の実践経験を基に、子どもへの「ことばの教育」に向き合いながら、その背景にあるオーストラリアの社会的、教育的な文脈との関係性を明らかにしている。この論考は、ポストコロナの時代において求められる複数言語環境に生きる子どもへの「ことばの教育」実践とは何かを考えさせられる。

加藤は、日本やオーストラリアでのサステイナブル・ツーリズムに高い関心を寄せ、そうした領域の研究を発展させているが、危機消滅に瀕するアボリジニの希少言語に焦点を当て、ノーザンテリトリー地域のＮＡＴＡＳやカルークアボリジナル文化ツアーを事例に分析を試みている。このようなツアーでは、予測不可能な事態も起こりうるが、それを検証することによって、将来のサステナブル・ツーリズムの発展に向け示唆を与えてくれると結論付けている。

オーストラリアの歴史的発展を考証する手続きは、今後、移民社会に向かうと予想される日本をはじめとした他の国々への参考となると言われているが、下村も、同様に、一つのモデルケースとして、これからの社会のあり方を考え、未来にどのような意義を持つのかを主要なテーマに、オーストラリアの歴史教育の意義を、ニューサウスウェールズ州の状況を主たる事例を中心に論究している。こうした考察は、日本の歴史教育の未来の在り方に示唆を与え、社会を新たに変化させていく提案や原動力になるのではと提唱している。

多田は、今でも続く、ウクライナ危機の事例から、多様性に満ちた人的資源を活かす方向を見せるオーストラリアの経済活動に注目している。また、すべての移民を同化させようという作用があるアメリカの移民政策を、「るつぼ」と評する一方、カナダを、様々な色や形をした多くの破片が全体として一つの模様を形成している、「モザイク」と見なす、ジェイコブズの分析を紹介している。それに加え、ファーニバルが、植民地時代下の東南アジアの観察から、複数の社会構成集団が「共通意思」や「共通文化」を持たず、別々に併存する「複合社会」と評しているのを参考に、オーストラリアが、今後、どのような特徴をもつ社会に向かうのか、「移民」という貴重な資源が、多文化主義に与える影響に注視している。

オーストラリアの多様性は、社会、人種、文化、言語だけに留まらず、生物にも及んでいることは説明の余地がないが、水野は、専門とする野生動物保護の立場から、論考を寄せてくれた。「共生への道標―日本とオーストラリアの比較から学ぶ野生動物と人の在り方」と題する論文では、オーストラリアと日本の野生動物保護の在り方の違いに注目し、人と自然の共生の道を探求する意識が希薄だと指摘する。それを考察する道標として、人間社会の安全を確保するため、野生動物を隔離する傾向にある日本には、生活環境を分け合っているという「理解」が足りないと指摘し、さらに、野生生物の存在を「尊重」する必要性を説いている。一例として、人類を含む「好気性生物」に不可欠な酸素の多くは、陸上の植物や海草類、植物性プランクトンなどにより産生されているが、環境の悪化に伴い、好気性生物の存続が難しくなるため、隣人の存在を尊重する必要があると主張している。

本書の構成のうち、最後の二編は、文学および戯曲で締めくくられている。

オーストラリアのマイノリティ作家の文学を研究する加藤は、二一世紀の課題の解決を考える上で、リア・パーセルの「家畜追いの妻」アダプテーションを例に論考を展開している。作家のカテゴリーに類型する捉え方を再考しながら、オーストラリアの先住民、移民、難民といった人々が抱える問題とそのナラティブは世界のマイノリティに共通した課題と物語を体現しているため、それを評価することは、現状を見つめなおし世界的にコロナ禍後の人間と社会の在り方を再考する上で一定の役割を果たすと主張している。その上で、マイノリティ作家であり、俳優で劇作家、映画監督のリア・パーセルが著した『家畜追いの妻』を取り上げる。これは、古典的作品であるヘンリー・ローソンの短編を、アダプテーションとして自分の作品に取り込み翻案したものだが、その効果が持つ意味を検証している。

二編目は、同じ早稲田の教員でもある、佐和田が執筆した、『ゴールデン・エイジ』の二つの劇中劇―『リア王』と『タウリケのイピゲネイア』である。劇作家ルイ・ナウラによる戯曲である『ゴールデン・エイジ』は、「オーストラリアの古典的名作」と評され、これまで何度となく上演されている。演出家のキップ・ウィリアムズは、この戯曲について、テーマの複雑さにおいて珠玉の作品と評価しているという。佐和田は、『コシ／ゴールデン・エイジ』を二〇〇六年に、オーストラリア演劇叢書（オセアニア出版社）として出版しているが、オーストラリアの戯曲の質を知らしめた作品に仕上げられている。主なテーマの一つである、優生思想と障害者の問題は、「津久井やまゆり園事件」を一例として、日本でも重く捉えられている。二〇二四年には本邦初演が決まったということで期待も大きいのではないだろうか。

以上、本書は、筆者を含め九編の論考が寄せられている。本来は、より迅速に出版の運びとなったはずであったが、主に、宮崎の遅筆や編集作業進行のため、早期に玉稿を出していただいた方はもちろんのこと、オセアニア出版社の、西よし乃さんには、多大なるご迷惑をお掛けしてしまった。紙面を借りて、深くお詫び申し上げたい。

残念ながら、早稲田大学プロジェクト研究所のひとつとして設立された、「オーストラリア研究所」は二〇二一年をもって、その役目を終了したが、研究所の活動に賛同していただいた、本書の執筆者の皆様には、改めて、お礼申し上げると共に、引き続き、新型コロナ感染症に留意の上、今後とも、それぞれの研究領域の発展に寄与していただくことを祈念する次第である。

宮崎里司

二〇二四年早苗月

目次

移民社会から学ぶ母語話者教師信仰の再考
—オーストラリアでの“Native Speakerism”を事例に

宮崎里司

一、語学教育における確証バイアス

確証バイアス（confirmation bias）とは、自分の信念や仮説を裏付ける証拠を過剰に重視し、それに反する証拠を無視する傾向を意味する。このバイアスが働くと、客観的な判断や全体像を見る能力が損なわれることがある言われている。語学教育においても、この確証バイアスが作用する場合が多く、教師が特定の教材や教科書の選定する際、自らの教授法に基づく確証バイアスによって、その有効性を過度に信用し、他のアプローチを試そうとする意欲を失う可能性がある。他には、批判的なフィードバックを軽視したり、無視するなどの傾向があると言われている。本稿では、こうした語学教育における確証バイアスのうち、母語話者教師信仰（Native Speaking Teacher Fallacy）を取り上げ、オーストラリアでも見られる母語話者優先主義（“Native Speakerism”）について考察する。また、そうした主義が、持続可能な言語教育に、どのような影響を与えるかについても検証を試みるとともに、母語話者教師（Native Speaking Teachers: NSTs）同様、非母語話者教師（Non-Native Speaking Teachers: NNSTs）という二極的な対立構造を超えて、第二言語習得環境のよりよい構築に向け語学教育の将来において、どのように連携し、役割を果たすべきかに関する提言を試みたい。

"Native Speakerism"は、Holliday（2006）によって、はじめて研究トピックとしてフォーカスされた。「母語話者が、より優れた教師になりうるという信念」と定義づけられた母語話者教師信仰は、個人の能力や資質を度外視したステレオタイプとも言える。"Native Speakerism"は、ＥＬＴ（英語教育）の中で、広く浸透しているイデオロギーであり、「Native Speaker」教師が、英語の理想や英語教育の方法論の源泉となる「西洋文化」を代表しているという信念に裏づけられると説明している。また、この概念は、ＥＬＴ内で確立された、優位性の称揚という不平等を捉えようとする試みに、過度の一般化が蔓延している。"Native Speakerism"はむしろ、英語圏の教育文化から生じる分裂的な力と見なされ、「Native Speaker」の理想は、英語圏で広範かつ複雑な象徴的役割を果たしていると言える。こうした信仰に基づく"Native Speakerism"は、特定の言語のNative Speakerであることが、その言語教育に関する優位性や資格を示すという偏向的な態度を示している。こうした態度は、NNSTsに対する偏見や差別として現われ、一例として、教育機関がNNSTsの採用を控えることなどに現れる。これは、教育の質をNative Speakerにのみ求める考え方であり、NNSTsの能力や価値を過小評価してしまうことにつながるとして問題視されている。

しかしながら、オーストラリアをはじめとする移民国家で、第二言語を習得した教師は、言語習得のプロセスを経験しており、学習者の立場や困難さを理解しやすいという利点があり、より適切な教育方法やアプローチを取ることができる場合もある。具体的には、第二言語を教える際の一般的な誤用や困難さを把握しており、効果的な学習支援やアドバイスを提供することができる。NNSTsが、十分な専門知識や教育手法を持っているにも関わらず、自らの言語能力や教育力を不当に過小評価され、教育現場での地位や信頼が低下することがある。一方で、学習者の目標言語が、第二言語や公用語の習得環境ではなく、オーストラリアの日本語学習環境のように、外国語である場合、NNSTsは、重要な役割を果たしており、しばしばNSTsと比較した場合、教える言語を、母語としてではなく、目標言語として学んだ経験を持ち、自身の言語学習の経験を生かして学習者をサポートしている。NNSTsは、文法の不正確性、文化的な背景やニュアンスへの理解不足、教育方法やアプローチの制限があるという通説もあるが、一方で、外国語教育においてNative Speakerが持つ言語能力や教育効果に対する過大評価を是正する役割も果たしている。こうしたことから、NNSTsは、学習者にとって身近なモデルであり、教える言語の文化的背景やニュアンスをより深く理解していると言われている。つまり、異文化コミュニケーション能力や多文化理解を育成する上でのロールモデルとなり、さらに、NNSTsは、自身の言語学習経験から、教育の包括性を実現するために重要な役割を果たしていると解釈できる。このようにNNSTsは、より包括的な教育環境を作り出すことが可能なので、NSTsと異なる視点を持ち、教育資源の最適活用となる場合には、学習者やNSTsが持つ確証バイアスを軽減し、言語教育の柔軟性を持たせる傾向がある。加えて、学習者たちのニーズや学習スタイルに応じて、適切な教育アプローチを採用することができるのではないだろうか。

二、"Native Speakerism"という概念の捉え方

"Native Speakerism"の領域の研究は、応用言語学（Applied Linguistics）の分野では、言語教育や言語政策の分野、外国語教育学（Foreign Language Education）では、"Native Speakerism"が、教育現場での教員の選択や教育プログラムの設計にどのように影響を与えるかが焦点となっている。また、社会言語学（Sociolinguistics）では、言語教育における"Native Speakerism"の役割や、教育現場における言語的アイデンティティの形成を中心とし、教師評価では、教師の評価や雇用、学習者の視点から、"Native Speakerism"がどのように受け止められ、学習者の言語学習にどのような影響を与えるかに加え、教育改革と多文化主義や教育アプローチと教材開発なども扱われている。主な研究トピックとして、NNSTsが、学習者側に生じるステレオタイプや偏見、教師の母語話者としての資質や教育能力に対する不信感、文化的な違いによるコミュニケーションの障壁、そして教育方法やアプローチに関する疑念などが含まれる。さらに非母語話者の目標言語能力への疑念や文化的な違いによるコミュニケーションの困難や障壁に加え、NNSTsがNSTsや学習者から受ける可能性のある偏見なども、近年研究対象となっている。研究理論としては、社会的アイデンティティ理論（Social Identity Theory）、文化的帰属理論（Cultural Attribution Theory）に加え、言語的不確実性

削減理論（Language Uncertainty Reduction Theory）などが挙げられる。社会的アイデンティティ理論（Social Identity Theory）によれば、人々は自分が属するグループに対してポジティブなアイデンティティを持ちたいという傾向があり、このため、NSTsや一部の学習者は、母語話者であることを強調し、NNSTsを「他者」として位置付ける傾向がある。一方、文化的帰属理論（Cultural Attribution Theory）においても、同様な捉え方をしている。また、言語的不確実性削減理論（Language Uncertainty Reduction Theory）によれば、人々はコミュニケーション相手の言語能力や文化的背景を理解することで、コミュニケーションにおける不確実性を減らそうとする。移民国家において、NNSTsは、自らが第二言語を習得した経験を通じて、学習者たちの言語獲得に関する理解とサポートを提供することができ、文化的な架け橋となる役割を果たすことができる。

Murahata (2001) の研究では、英語教育におけるネイティブ性について提起され、Medgyes（1994）によって明らかにされたNNESTs（Non-Native English Speaking Teachers）の利点を、六点ほど紹介している。Murahataは、論考の中で、英語教師としての日本人教師に対して、①「ネイティブスピーカーの誤謬」とその関連性が長年にわたって議論されてきたことを知っておくこと、②NESTs（Native English Speaking Teachers）とNNESTs双方の利点と欠点を認識しておくこと、③実用的な英語使用者、または複数の能力を持つ話者を作るために、誰もが英語をコミュニケーション手段としたコミュニティを構築することを提案している。母語話者信仰については、Braine (2010) によると、世界における英語教師の約八〇％が、非母語話者の教師であるという統計を示し、英語の国際的な普及は、NNSTsの活動への言及なしには不完全であると主張している。また、Houghton & Rivers (eds.) (2013) では、日本とイタリアの語学教育の文脈で現れる“Native Speakerism”に関連する幅広い問題を検証し、職場でのネイティブスピーカー教師も、多様な形態の偏見と差別の対象になり得ると主張している。続く、Houghton & Hashimoto (2017) は、“Native Speakerism”を超える方向性に焦点を当て、言語教師が雇用される可能性のある根拠に触れ、個々の教師・研究者のナラティブ分析を通じて、職場体験や言語に基づく包摂や排除に関連する問題、および日本語教育における日本人の“Native Speakerism”を考察することで、外国語教育におけるネイティブスピーカーモデルがもたらす問題を明らかにしている。言語政策の観点からは、Phillipson (2018) が、言語帝国主義を構築する重要な要素は、一言語主義、"Native Speakerism" やそれに関連する誤謬が、グローバルなＴＥＳＯＬの基盤となっていると主張している。それを踏まえ、未熟な NNSTs を、アジア諸国に派遣したり、教育プロジェクトのための一言語話者の助言者を派遣したりすることは勧められず、そのような政策は、言語帝国主義政策の結果である社会的不平等を強化する可能性があると主張している。中国の英語教育における "Native Speakerism" の現状に関して、初めての体系的かつ大規模な研究を行った、Li & Liu (2019) は、英語の言語変種、文化的傾向、教授法を中心に、定量的および定性的な分析が行っている。Holliday (2006) によって最初に定義された "Native Speakerism" の意味的範囲を拡大することで、この言語イデオロギーがどのように実践かつ再生産され、強化され、正当化されるかを、批判的なディスコース分析（ＣＤＡ）の理論的枠組みの中で扱っている。加えて、Houghton & Hashimoto (2020) は、"Native Speakerism" を超えた英語教育に関する現在の研究と将来の展望について論究している。未検証のベストプラクティスとされる主張にもかかわらず、「NSs」と「NNSs」のカテゴリーに基づいて言語教育専門家を分割する動きは、学術文献全体に広がっている。とりわけ、差別や偏見を是正するという修辞的な覆いに包まれているため、"Native Speakerism" を一方的に、「ネイティブスピーカー」が受益者と判断しているため、そのような二項対立的なアプローチからは、隠れたシステムが見えにくくなっていると主張している。さらに、異文化コミュニケーション能力、英語をリンガフランカとしての使用、World Englishes という分野の専門家によると、"Native Speakerism" が拒否される場合、言語教師はどのように雇用される可能性があるのかの根拠を探求している。

Houghtone & Bouchard (2021) は、現代の言語教育における "Native Speakerism" を考察、その頑強さと批判される側面を検討し、教育の文脈の中でイデオロギー的論説やプロセスを位置づけるための概念的ツールを提供した。研究者や実践者による持続的な批判的関与にもかかわらず、イデオロギー的論説の拡散と消費がなぜ持続しているのかを考察し、外国語教育における "Native Speakerism" が引き起こす問題を克服するための代替的なパラダイムを提案している。Paciorkowski (2022) の主な目的は、説明的な混合手法を使用して、"Native Speakerism" がポーランドの言語学校に影響を与えているかどうかを検証し、ポーランドの教師教育プログラムが、新進の教師に"Native Speakerism"や、母語話者と非母語話者の地位に関連する他の問題についての関連する文献を積極的に取り上げ、批判的に検討できるようにするべきであると主張している。Huo & Clayton（編）(2024) では、大学院レベルの語学教室では、制度上の障壁や言語アイデンティティの消失に直面する多様な人種的バックグラウンドを持つ学生にとって、重大な問題を引き起こしていると問題提起し、包括的な学習環境を育むことを提唱している。

Hiratsuka (2024) の研究では、"Native Speakerism"は、言語教育における不均衡な権力関係の維持に深く根付いた偏見であると主張している。解放的な概念である「Trans-Speakerism」を紹介することで、一般的な偏見を解体し、この分野の議論を再構築している。また、グローバル・スピーカー・オブ・イングリッシュ（ＧＳＥ）、グローバル・ティーチャー・オブ・イングリッシュ（ＧＴＥ）、およびグローバル・イングリッシュズ・リサーチャー（ＧＥＲ）などの類型を提唱し、包括的な言語教育環境を構築するよう促している。

英語教育だけではなく、日本語教育においても、"Native Speakerism"に関連した文献が確認できる。Ishihara & Cohen (2010) によれば、日本語学習の需要がグローバルレベルで増加しており、それに従い、多様なバックグラウンドを持つ教師の必要性について論じている。これと関連し、Byram (1997)、Kanno & Norton (2003) や、Kubota & Lin (2009)、も、近年、日本では外国人労働者や留学習者の数が増加し、日本語学習のニーズが高まる中で、非母語話者日本語教師の需要が増えることを予想している。また、そうした教師は、文化的な背景や経験を通じて、異文化理解や国際交流の促進に貢献できるため、需要が高まる可能性があるとも主張している。これは、日本の教育環境の国際化とも関連し、非母語話者日本語教師は、その国際的な視点や異文化理解をもたらすことができるため、教育現場での需要が増す可能性がある。中川 (2020) も、日本語教育において、日本語母語話者教師との差異を前提にその優位性を称揚する、"Native Speakerism"の問題を取り上げ、日本語教育を目指す留学生の語りから、母語話者／非母語話者の二分化に疑問を呈している。検証の結果、多様な能力の可能性をもつ個人として、日本語教師のキャリアを形成していこうとする姿勢に、母語話者／非母語話者の二分法を崩す鍵があると結論づけた。

三、"Native Speakerism"をめぐるオーストラリアの事例

ここでは、前節までの議論を踏まえ、オーストラリアの国勢調査を参考に、第二言語としての英語教育から見た、"Native Speakerism"について考えてみたい。二〇二一年七～九月に実施したオーストラリアの国勢調査（Census）によると、総人口は約二五五〇万人で、前回調査（二〇一六年）と比較して、二〇〇万人余り増加し（八・六％増）、二〇一七年からの四年間でオーストラリアが海外から受け入れた人口は合計約一〇二万人となった。海外で生まれた者または両親のどちらかが、海外で生まれた者（移民）が、総人口に占める割合は、はじめて五割を超え（五一・五％）、両親のいずれもオーストラリア出身かつオーストラリアで生まれた者（四八・五％）の割合を上回った。

オーストラリア統計局（ＡＢＳ）は、この結果を、文化的に多様な国へと変化している証明であると説明し、二〇二二―二三年度（二二年七月～二三年六月）に、海外からオーストラリアに移住した人（一時滞在者や留学生を含む）は七三万七一七〇人と、前年度と比べて七二・七％増え、過去最高を記録した。人口動態に影響を与える「移民純増数」（海外から移住した人の数から海外へ移住した人を引いた値）も、五一万八〇九〇人と一年前と比較して一・五四倍に増え、過去最高を記録している。海外からの移住者のうち、ビザの種類別では留学生が二八万二五七〇人と最も多く、労働者や研修生に加え、観光客、ワーキングホリデーメーカーなどといった、一時滞在ビザ保持者が二七万九七〇人、外国人配偶者を含む永住ビザ保持者が七万九六七〇人、市民権保持者が五万九四〇〇人、ニュージーランド市民権保持者が四万一三二〇人となっている。この他にも、難民キャンプからの移民や亡命者なども含まれる。

こうした状況の下、教師不足は、オーストラリアでは、「前例のない事態」として、学校教育部門全体で最大の問題になり、二〇二五年までに約四一〇〇人の教師が不足すると予測される。ＴＥＳＯＬなどの公的な資格を持ち、グローバルな視点を持つ、NNSTsのＥＳＬ（English as a Second Language）教師は、障害ではなく資産と見なされる傾向がある。理由として、多様な言語と文化が共存しているため、多言語話者や異文化間コミュニケーションのスキル

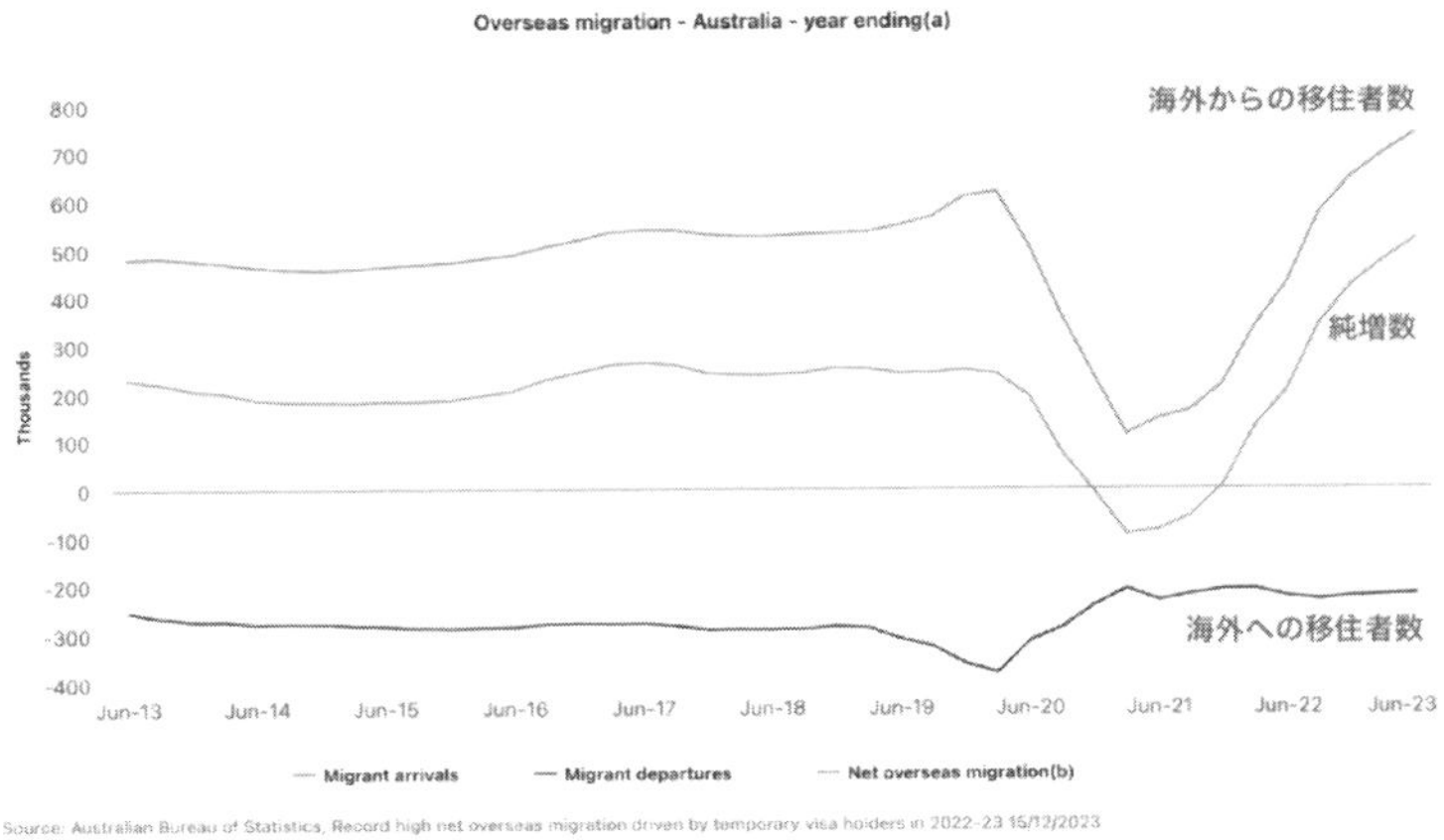

図１　海外からオーストラリアへの移住者数と、オーストラリアから海外への移住者数の推移（出典：オーストラリア統計局）

が重視されていること、NNSTsは、自らも第二言語を習得した経験を生かして、学習者たちの第二言語習得を支援することができること、自らの文化的背景や言語習得の経験を通じて、異なる文化に関する洞察力を持っていること、さらに、多言語環境において学習者たちにとって重要なモデルとなり、自らが第二言語の学習経験を通じて、学習者たちに学習意欲を与えることができることなどが挙げられる。とりわけ、NNSTsは、自らの言語と文化の知識を活用して、教育制度全体の多様性を高めるという存在意義があり、これにより、教育の質が向上し、学習者たちの学習成果が向上する可能性があるといえる。

NNSTsは、このように潜在的な能力を有しているが、母語話者以外の人材を有効に活用しようとする傾向には、十分至っていない。一例を挙げると、ABSの統計結果では、海外で生まれた者または両親のどちらかが、海外で生まれた者（移民）が、総人口五一・五％を占めるにもかかわらず、オーストラリアの教員のINNESTs (Immigrant Non Native English Speaking Teachers)の割合は、一〇％に過ぎず、多様性のある雇用からは程遠い。小中学校の二五％の生徒が、Multicultural Educationの一環として英語を母国語としない子ども達のための、「追加言語または方言としての英語」EAL／D (English as an additional language or dialect) を学び、一部の学校ではこの割合が九〇％に達することさえあるにもかかわらず、INNESTs の割合は、労働年齢人口（三三・六％）よりも少ない。また、職業への転職のプロセスに時間がかかり、情報やサポートの不足も、オーストラリアにおける INNESTs の職業参入の困難さを悪化させている。こうした現状からも、オーストラリアでのＥＳＬ教育における、植民地主義や新自由主義などの社会政治的および歴史的要因に根ざした、"Native Speakerism" の一端がうかがわれる。また、ビクトリア州教育機関（ＶＩＴ）による登録のための INNESTs に対する英語能力、および移住のためのＡＩＴＳＬ（オーストラリア教育学校指導リーダーシップ機構）による要件は、高学歴の母語話者でも、これらの要件を満たすことができない場合すらあるが、ＢＡＮＡ（Britain and the Australasian and North American nations）からの、英語母語話者の教師（NESTs）には適用されないため、いずれも差別的と見られている。さらに、モナシュ大学の調査によると、INNESTs は、ＴＥＳＯＬなど関連資格保有者にもかかわらず、キャリア開始までに最長一五年も待たなければならないことがあると報告されている。そのため、INNESTs の多くが、他の分野に転職を余儀なくされている。また、客観的に高い評価を得ても、自分の実力を内面的に肯定できないため、素直にそうした称賛を受け入れることができず、むしろ詐欺師のように周囲を騙している感覚に陥ってしまう心理状態を指す、インポスター症候群（Impostor syndrome）を感じる者も少なくないと報告している。こうしたことから、二項対立を助長しているＳＡＥ（Standard Australian English）に対する狭い要件を置き換えるためには、政策変更が急務であると考えられる。

ところで、ＳＤＧｓ（Sustainable Development Goals、持続可能な開発目標）は、二〇一五年九月の国連サミットで加盟国の全会一致で採択された「持続可能な開発のための二〇三〇アジェンダ」に記載された、二〇三〇年までに持続可能で、よりよい世界を目指す一七の国際目標で、その中には、質の高い教育の普及を目指す教育（Goal 4）とともに、格差の是正（Goal 10）や包摂的な社会の構築（Goal 16）も含まれている。ここでは、とくに、Goal 10 や Goal 16 に焦点を当て、NNSTs との関連を見てみよう。Goal 10（格差の是正）については、NNSTs は、NSTs と比べて機会が不足している可能性があるため、教育分野における格差を是正するのに役立つ。また、Goal 16（包摂的な社会の構築）では、NNSTs の存在は、教育環境をより包摂的にし、異なる背景を持つ人々が共存できる社会を築く一助となる。NNSTsとインクルーシブな教育環境の関係は、言語的な多様性と学習者の個々のニーズに対する適切な対応に関連している。インクルーシブな教育環境を構築するためには、教師の多様性を尊重し、言語的な多様性を受け入れることが不可欠であるといえる。

四、非母語話者教師が持続可能な語学教育にどのように貢献できうるか

前節で述べたように、オーストラリアでも"Native Speakerism"は、広範囲に根強く残っており、ステレオタイプ的な意識や雇用慣習を変えていくことは容易ではない。そこには、差別や偏見と共に、雇用に対する母語話者側の脅威も、少なからず感じ取れるのではないだろうか。あたかも、二〇一五年にイギリスが、ＥＵ離脱の国民投票を行った際に、地方在住の労働者階層が、経済的危険性という「恐怖訴求」より、反移民、主権、国家アイデンティティに引かれて、「事実に基づかない民主主義（post-factual democracy）」の選択（Brexit）を行った行動とも相通じる。本節では、オーストラリアのみならず、第二言語習得環境下において、NNSTsが持続可能な語学教育にどのように貢献するかを、さらに考察してみたい。これに関しては、「二一世紀型社会スキル」が示唆に富んでいる。元来この概念は、ＯＥＣＤ（経済協力開発機構）が、二〇一八年二月にまとめた、二〇三〇年に向けた教育の枠組みである、「ＯＥＣＤ教育二〇三〇ｓ（OECD Education 2030s）」で提唱されたものであり、「二一世紀型社会で求められる能力」とは、定量的な知識ではなく、創意工夫をして問題を解決する能力や、人と協働して意思疎通を図る力を指している。「二一世紀型社会スキル」は、以下のように、四領域一〇のスキルから構成されている。

1　考え方（Ways of Thinking）
　①創造性とイノベーション　：知識を応用して新しい価値を生み出す力
　②クリティカル・シンキング（批判的思考）、問題解決、意思決定　：論理的に考えて問題を発見・解決して

意思決定する力

③学び方の学習／メタ認知（認知プロセスについての知識）：自分の思考を客観的に認識して、自分の意思で学ぶ力

2　働き方（Ways of Working）

④コミュニケーション：他者に考えや感情を伝えたり、他者の考えや感情を受け取る力

⑤協働（チームワーク）：一人ではできないことを他者と共同で行う力

3　働くための道具（Tools for Working）

⑥情報リテラシー：書籍、ｗｅｂ、他者などから情報を得て、取捨選択し判断する力

⑦ＩＣＴリテラシー：ネット検索やＳＮＳなどの、ＩＣＴ（情報コミュニケーション技術）を使いこなす力

4　世界での生き方（Skills for Living in the World）

⑧市民性（グローカル）：個人としてだけではなく、所属する集団の一部であることを認識して参画する力

⑨人生とキャリア：時間軸全体で人生を考えて、行程を考える力

⑩個人的・社会的責任（文化的意識と異文化対応能力を含む）：個人的、社会的に責任を持ち、自文化と異文化を認識して適切に行動する力

これらの四領域すべてにおいて、NNSTsが持続可能な語学教育にどのように貢献できる可能性が考えられるのではないだろうか。具体的には、「二一世紀型社会スキル」には、異なる文化や言語背景を持つ学習者を受け入れ、協働的な学習環境を提供する、協働能力も含まれている。また、異文化コミュニケーション能力や、母文化や言語背景を活かして、新しい教育アプローチや学習材料を開発し、学習者の創造性や問題解決能力を高めることができる創造力も含まれている。

これに関して、NNSTsは、異なる文化や言語背景を持つ学習者を一つのチームとして統合し、協働的な学習環境を提供することで、学習者の協働能力を発揮させることができる（Johnson & Johnson 2009）という研究があり、異文化間のコミュニケーションを通じて、多様な視点やアイデアを尊重し合う姿勢を育むことにも長けていると指摘されている（Liddicoat 2002）。さらに、Craft (2005) の研究では、NNSTsは、自らの文化や言語背景を活かして、新しい教育アプローチや学習材料を開発することができ、学習者の創造性を刺激することができると結論付けている。

以上、第二言語習得環境における、NNSTsの貢献について、「二一世紀型社会スキル」を基に論じてきた。NNSTsは、自らの言語学習経験や文化的背景を活かして、創造的で革新的な教育アプローチを展開でき、これにより、教育の質と効果を向上させる可能性があると言える。それに加え、自らの第二言語習得の経験から、現実的で実践的なアプローチを通じて、効果的な学習支援を提供するだけではなく、学習者との共同学習を重視し、双方向のコミュニケーションを通じて学びを深める環境を提供することで、学習者の主体的が学びを支援する。さらに、学習者の文化的なアイデンティティを尊重、共感し、他者の違いを理解する力を身に付けることも可能となる。また、NNSTsの存在自体、教育の多様性と柔軟な包摂性を高めることにつながるのではないだろうか。

五、今後に向けてNNSTsが研修すべき内容とは

以上、前節において、第二言語習得環境下での、持続可能な語学教育に、NNSTsがどのように貢献するかを検証してみた。NNSTsは、創造的で革新的な教育アプローチにより、教育の質と効果の向上が期待でき、学習者との共同学習を通して、学習者の文化的なアイデンティティを尊重、共感しながら、学習者の主体的が学びを支援する。こうした活動が、教育の多様性と柔軟な包摂性を高めることにつながると結論付けた。しかしながら、NNSTsが、さらなる教育力の向上を図るためには、さまざまな自己研鑽に励む必要もある。具体的には、効果的な授業計画の立て方や、多様な教授法の適用に関する教育方法論、デジタル教材やオンライン学習を含む教材やカリキュラムの開発に

関する教材研究、非母語話者の学習過程や、言語習得における困難や解決策に関する言語習得、異文化間コミュニケーション、言語教育における政策上の課題（教育の多様性やインクルージョンなど）や改善点に焦点を当てた教育政策論、さらに、自己成長とプロフェッショナリズム、継続的な教育研修や教育コミュニティへの参加などが、教師のＦＤ（Faculty Development）として挙げられるが、ここでは、統合型教授法であるＣＬＩＬ（Content and Language Integrated Learning）と、ＴＢＬＴ（Task-Based Language Teaching）を例に考えてみたい。

学問内容を通じて言語スキルを向上させることを目指した、統合型教授法であるＣＬＩＬは、学習者の学習意欲や成果が向上し、持続可能な語学教育に貢献することが期待されているため、教師が言語教育と専門分野の知識を統合して教育を行い、学習者との共感、異文化理解の促進を図る上で効果がある。また、教育方法やアプローチを柔軟に選択し、ＣＬＩＬの教育活動を多様化することで、学習者の学習効果を高めるという利点がある。

キーとなる概念として、四つのＣ（the 4Cs）（Coyle 2007）を代表とする内容を組み合わせた活動である、①内容（Content）、②言語学習（Communication）、③学習者の思考活動（Cognition）と、④異文化や国際理解と協同の学び（Culture/Community）を提唱している。次に、タスクを中心とした授業を行う教授法で、学習者が自らの目標を設定し、実際のコミュニケーションタスク、自己評価や反省を通じて自己成長を促すＴＢＬＴも、学習者の自主性や自己肯定感が向上し、持続可能な語学教育を支援することができる。学習者のコミュニケーション能力を伸ばすためのタスク設計やフィードバックが重要であり、NNSTs自らが第二言語を習得した経験を生かして、現実的で効果的なタスクを設計することができる。ＣＬＩやＴＢＬＴは、二一世紀型社会スキルの習得を目指す、イノベーションとしてのアクティブラーニングとして注目されている。アクティブラーニングは、教師による、これまでの伝統的かつ一方向的な講義形式の教育とは異なり、学習者の能動的な相互参加（インターアクション）を取り入れた教授・学習法の総称で、主体的、対話的で、かつ深い学びをめざし、いわば、学習における、中心的な規範となる、物の見方や捉え方として使われるパラダイムの転換ともいえる。アクティブラーニングに関連する、インタラクティブな実践的活動としては、プレゼンテーション、ロールプレイ、グループ・ディスカッション、ディベート、グループ・ワーク、ピア・ラーニング、ピア・アセスメント（学習者間評価）、セルフ・アセスメント（自己評価）、反転授業（flipped classroom）、ポートフォリオ（portfolio）、e-ラーニング、自己モニター、自律学習などが挙げられる。

六、結論

本稿では、語学教育において、根強い母語話者教師信仰を取り上げると共に、"Native Speakerism"と呼ばれる、母語話者優先主義について考察した。加えて、NSTsとNNSTs同士が、二極的な対立構造を超えて、第二言語習得環境における語学教育の将来において、どのように連携し、役割を果たすべきかに関する提言を試みた。NNSTsは、将来の語学教師の存在意義とも大きく関係するイシューと捉えることができる。

日本でも、多言語環境で育った子どもたちへの教育ニーズが高まっているが、母語話者による日本語教育だけではなく、自身の言語や文化に関する理解を持つNSTsからの学びも重要といえる。

あわせて、日本の教育環境が国際化する中で、異文化理解や多言語コミュニケーション能力が求められるようになってきており、NSTsは、学習者に異文化理解や国際的視野を提供することができると思われる。日本語教育関連の組織は、異なる言語背景を持つ教師を積極的に採用し、多様性を尊重した教育環境を整備する必要性が増してくると思われる。

ＩＣＴ（情報通信技術）を活用した教育プラットフォームやアプリケーションを使用することで、学習者に合ったカスタマイズされた学習プランを提供することが可能になっているが、語学教師は、ＩＣＴを活用し、実際のコミュニケーションシーンでのインターアクション能力を向上させる支援が可能となる。また、コンピュータゲームのゲームデザイン要素やゲームの原則をゲーム以外の物事に応用する、ゲーミフィケーション（gamification）やインタラクティブな学習体験を提供することで、学習者のモチベーションを高め、学習管理システムやフィードバックツールを使用することで、学習者が自己評価を行い、自分自身の学習進捗を把握することも可能となる。そうした場合、母語話者である優位性は、今後徐々に薄れ、学習者のニーズや教育目標に適切に対応し、効果的な教育を提供できるかどうかが評価される時代が到来すると予想できる。二一世紀型語学教育は、オンラインプラットフォームを使った効果的な授業を設計し、オンラインの教材やアプリケーションを使って自ら教材を開発することで、学習者の興味やニーズに合わせたカスタマイズされた柔軟な教材を提供することができる教師に、その優位性が移動するのではないだろうか。加えて、DX（デジタル・トランスフォーメーション）の知見により、学習者の進捗や理解度をデータとして収集し、それを分析して教育プログラムを改善することで、教育の効果を定量的に測定し、改善する項目の重要度が増していくのではないだろうか。

　二〇二四年に施行された「日本語教育機関認定法」の中で、国家資格「登録日本語教員」も法制化されたが、受験資格には、年齢や母語の他、国籍に関する制限もなくなったが、将来、母語話者教師が、非母語話者に、その職を脅かされない事態が起きるかもしれず、そうした事態は、相互に質を高めあうきっかけになるかと思われる。ところで、非母語話者による活躍は、すでに日本文学の世界では、顕著になりつつある。二〇〇八年、『時が滲《にじ》む朝』で、第一三九回芥川賞を受賞した楊逸や、『彼岸花が咲く島』で、二〇二一年に一六五回芥川賞を受賞した李琴峰（ことみ）は、日本語で文芸作品を紡ぐ日本語非母語話者の代表格であろう。日本語は、日本固有の社会文化の中で育まれてきた知的財産ではあるが、特異な文化遺産として捉えるのではなく、「日本」を発信するリンガフランカになる可能性がある場合、ステレオタイプ的意識や「本家主義」的思想を再考する時期に来ている。また、日本人でも、ドイツで、ドイツ語による創作活動を展開する多和田葉子や、二〇一七年に、ノーベル文学賞を受賞しているカズオ・イシグロは記憶に新しい。体系的に外国語や第二言語を学んだ者は、母語、非母語に関係なく、必然的に高い運用能力が身につく好例でもある。これは、ある言語の国際性を考える上で看過できない点ではないだろうか。

　最後に、今後、NNSTsが語学教育に貢献できる項目の列挙を試みることにするが、これらの試みの成否は、NSTsとの絶え間のない連携が必要不可欠であることを再認識する必要がある。

1 学習者に対するNSTs信仰の呪縛からの解放に寄与
2 NSTsに対し、"Native Speakerism"に関する確証バイアスを和らげる効果
3 ＳＤＧｓや二一世紀型社会スキルという観点から、言語教育のグローバル政策への提言
4 教師の母語を含む、目標言語以外の研究成果の多様な発信
5 他のNNSTsのロールモデルとなる教育実践の発信
6 同じ母語背景を有するNNSTsで、実践経験の乏しい教師向けのメンターの役割
7 目標言語の学習者に対し、教師としてだけではなく、異文化適応に関するロールモデルとしての役割
8 言語教育だけではなく、第二言語習得の観点からの発信
9 学習者による教師選択の可能性を拡大する役割
10 対照言語学的な詳細アプローチ
11 初級レベル学習者からの学習相談に対応
12 異なる母語のNNSTsによる教師ネットワークの構築に寄与
13 媒介語を活用した多様な教授法の提供
14 NNSTsを雇用することに躊躇する教育関係者の意識変容の促進
15 "Native Speakerism"に対するNTSsの根強いステレオタイプを、リスキリングによる再認識の活性化
16 教育リーダーシップ、カウンセリング、テクノロジー管理などの役割参加
17 ＤＸ型語学教育を推進し、適正な選択の指針の提示

参考文献

Braine, G. (2010) "Nonnative Speaker English Teachers", *ESL & Applied Linguistics Professional Series*, Superfast textbooks

Byram, M. (1997). *Teaching and assessing intercultural communicative competence*. Multilingual matters

Coyle,D. (2007) "Content and Language Integrated Learning: Towards a Connected Research Agenda for CLIL Pedagogies", *International Journal of Bilingual Education and Bilingualism* 10(5) pp. 543-562

Craft, A. (2005). *Creativity in schools: Tensions and dilemmas*. Routledge

Hiratsuka, T. (2024) "Native-speakerism and Trans-speakerism: Entering a New Era", Cambridge Univ Press

Holliday, A. (2006), "Native-speakerism", *ELT Journal*, Vol.60,Issue 4, pp.385?387, https://doi.org/10.1093/elt/ccl030

Houghton, S.A. and D. J. Rivers, (eds.) (2013) Native-Speakerism in Japan: Intergroup Dynamics in Foreign Language Education, Multilingual Matters

Houghton, S.A and Bouchard, J. (2021) "Native-Speakerism: Its Resilience and Undoing", Springer Verlag, Singapore

Houghton, S.A and K. Hashimoto (2017) "Towards Post-Native-Speakerism: Dynamics and Shifts", Springer Verlag, Singapore

Houghton S.A, Rivers, D.J and K. Hashimoto (2020) "Beyond Native-Speakerism: Current Explorations and Future Visions", Routledge

Huo, X and S. Clayton (eds.) (2024) *Interrogating Race and Racism in Postsecondary Language Classroom* (Premier Reference Source: Advances in Educational Marketing, Administration, and Leadership), Information Science Reference

Ishihara, N., & Cohen, A. D. (2010). Teaching and learning pragmatics: Where language and culture meet. Routledge.

Johnson, D. W., & Johnson, R. T. (2009). "An educational psychology success story: Social interdependence theory and cooperative learning". *Educational researcher*, 38(5), pp.365-379.

Kanno, Y., & Norton, B. (2003). Imagined communities and educational possibilities: Introduction. Journal of Language, Identity & Education, 2(4), pp.241-249

Kubota, R. & A. Lin 2006. "Race and TESOL: Introduction to Concepts and Theories" TESOL Quarterly 40(3), pp.471-493

Li, C. and Liu, J. (2019) "Native-Speakerism in English Language Teaching: The Current Situation in China" Cambridge Scholars Publishing

Liddicoat, A. J. (2002). *An introduction to conversation analysis.* Continuum.

Medgyes, P. (1994). *The non-native teachers*. London: MacMillan.

Murahata, Y. (2001)「Native vs. Non-Native 論争と日本人英語教師について」、『全国英語教育学会紀要』一二（〇）、一四一～一四九頁

中川康弘（2020）「日本語非母語話者教師をめぐる議論の再検討の試み」、『人文研紀要』巻九六、九一～一〇七頁、中央大学人文科学研究所

Paciorkowski, T. (2022) "Native Speakerism: Discriminatory Employment Practices in Polish Language Schools" *Studies in Linguistics, Anglophone Literatures and Cultures*, 33 Peter Lang Pub Inc.

Phillipson, R. (2018) "Linguistic Imperialism and NNESTs", T*he TESOL Encyclopedia of English Language Teaching* 1-7 https://onlinelibrary.wiley.com/doi/pdf/10.1002/9781118784235.eelt0023)（access 15 May 2024)

The Educator Australia "Listen to non-native English-speaking teachers to fix teacher supply",18 Nov. 2022 https://www.theeducatoronline.com/k12/news/listen-to-nonnative-englishspeaking-teachers-to-fix-teacher-supply/281459 (access 15 May 2024)

The Educator Australia "New study reveals Australia's diversity blindspot in English teaching jobs" 18 Oct. 2023 https://www.theeducatoronline.com/k12/news/new-study-reveals-australias-diversity-blindspot-in-english-teaching-jobs/283468 (access 15 May 2024)

The Pie News "Non-native teachers facing 'barriers' in Aus" 23 Oct 2023 https://thepienews.com/news/non-native-teachers-face-barriers-aus/ (access 15 May 2024)

Education Daily "English-speaking migrant teachers forced to find alternative work in Australia" October 20, 2023 https://educationdaily.au/teachers/english-speaking-migrant-teachers-in-australia-7521/ (access 15 May 2024)

Monash University (2022) EDUCATION 28 November 2022

"Listening to non-native English-speaking teachers could help solve the shortage"

https://lens.monash.edu/@education/2022/11/28/1385280/listening-to-non-native-english-speaking-teachers-could-help-solve-the-shortage#:~:text=Immigrant%20non%2Dnative%20English%2Dspeaking,an%20additional%20language%20or%20dialect.
(access 15 May 2024)

コロナ禍におけるオーストラリアの教育と家族の対応

樋口くみ子

一、はじめに

新型コロナウイルスのパンデミックにより、世界各地で、さまざまな人たちが生活の変容を迫られた。日本においても、感染拡大防止のために密集した場を避けることが推奨され、労働の場もテレワークが推奨された。人々が集まる場ではマスク着用が求められ、優先順位に基づき、ワクチン接種が進められていった。そこでは、ワクチンの数が不足するなか、エッセンシャルワーカーとしての医療関係者や、重症度のリスクが高い者の接種が優先された。他方で、低年齢の子どもへの接種は長い間認められなかった。ようやく五~十一歳の子どもへのワクチン接種が全国で本格的に始まったのは、二〇二二年三月以降であった。こうした状況のもと、学校教育の現場では、集団教育における感染拡大リスクの問題と、次世代を担う人材を育てるという役割、子どもを預かるという福祉的機能との狭間で、長期にわたり大きな混乱が生じることとなった。

その発端となったのが、安倍晋三首相（当時）の要請にもとづき、二〇二〇年三月より全国で一斉に実施された臨時休校措置である。学校教員にとっては、学校再開後に授業の遅れを取り戻すべく、さまざまな学校行事や年間計画を変更せざるを得ない状況に立たされることとなった。当時の日本では、誰をエッセンシャルワーカーとみなすのかという政府の議論において、学校教員は「曖昧」な存在として位置づけられていた[1]。こうしたなか、教員は感染リスクを抱える状況のもとでの対面授業の実施や、慣れないリモート授業環境の整備や準備などに追われた。政府が教員をエッセンシャルワーカーとして認めたのは、二〇二二年二月になってからのことであり、アウトブレイクから実に二年の月日が経っていた。

他方で、子どもを抱える保護者側にとっても、非常に大きな負担が課せられ、少なくない人たちが困難な状況に立たされた。コロナ禍以前は、学校が日中の子どものケアや教育者としての役割を一手に担ってきた。ところが先述した臨時休校措置を皮切りに、自宅学習や分散登校が行われ、教育者としての役割を保護者が担うことが増えた。現代日本では専業主婦世帯は少数派で共働き世帯が主流であり、かつ、三世代世帯の割合が少ない状況にある。加えて、三世代世帯においてはワクチン接種が進む高齢者と、ワクチン接種が進まない低年齢層との接触による感染リスクの問題も発生していた。そのため、数多くの保護者が、第三者に子育てを依頼することができないまま、労働時間と、子育て時間の調整に追われることとなった。なかにはどうしても労働時間との調整がつかず、かつ、学校から課題の指示がないなかで、一斉休校期間中にまだ小学生の子どもを「長時間で一人留守番させることも多かった」といった家庭もあったという[2]。

このような混乱期を経て、二〇二三年五月に、新型コロナウイルスの感染症法上の区分が二類感染症から五類感染症扱いに移行し、コロナ禍以前の生活に近い日々が戻りつつある。しかし、コロナ禍の数年間で日本の学校教育と家族に起きた出来事を過去のものとして片づけてしまってもよいのだろうか。新型コロナウイルス感染症が収束したあとも、今後の社会において、新たなウイルスのパンデミックや未曽有の事態などに見舞われるかたちで、コロナ禍と類似した状況に陥るとも限らない。その際に重要となるのは、今回のコロナ禍を通して見られた困難が再度繰り返されないよう、有事の事態に備えて、日常的にリスクを軽減するような生活の在り方や方策について検討することであろう。

以上の問題関心から、本稿ではもともと遠隔教育の先進国であったオーストラリアにおけるコロナ禍の教育と家族の対応を検討していく。これにより、有事における日本の今後の教育と家族の対応の在り方に対して示唆を得ることを目的とする。

二、先行研究

オーストラリアのコロナ禍の教育に関する先行研究および報告では、連邦および州政府の教育方針、各学校のコロナ禍の教育環境と支援について、以下の点が明らかになっている。

まず、連邦および州政府の教育方針に関しては、連邦政府は対面授業を重視していたが、各州政府の対応は多様であったことが浮かび上がっている。連邦政府は二〇二〇年四月十六日には「コロナ禍における学校教育のための指針」を発表し、質の高い教育を保障するために、専門家である教員によって対面授業の形式で行われるべきであるとした(3)。ところがこれに反するかたちで同月下旬には、全州においてほとんどの学校が閉鎖された。その後の対応は州によって異なり、これと関連して子どもたちになされた教育支援もばらつくこととなった。例えば、国内でも感染者が多かったビクトリア州では、一年間リモート教育が継続された。そこでは家庭で子どもを見ることができないエッセンシャルワーカーの子どもや医療従事者の子ども、進学を控えた十一年生や十二年生の登校は例外的に認めるという措置がとられた(4)。

このように連邦政府と異なる対応を各州がとった背景には、州政府が教育の権限を多くもっているという点と(5)、各州の感染状況の違いが関係していた。オーストラリア国内の感染者の多くはメルボルンで、隔離ホテルの管理運営の問題から大規模な市中感染を引き起こした。その後、同国では入国規制、ロックダウン、州境の入境規制、ビクトリア州でのマスク着用の義務化が進んでいった(6)。二〇二一年十月になると、出口作戦のもとで、ワクチン接種が進んでいたニューサウスウェールズ、首都特別地域、ビクトリア州で規制緩和がはじまり、感染爆発が起きた。また、これらの州に少し遅れるかたちで規制緩和をしたクイーンズランド州、南オーストラリア州、タスマニア州、北部準州でも次いで感染爆発が起きていった。西オーストラリア州だけは規制緩和しなかったため、感染者も抑えられた(7)。こうした状況の差異が、各州のコロナ禍の教育に関する対応にも影響を与えることとなった。

コロナ禍の教育が教員・子どもたちと保護者に及ぼした影響は、学校の形態によっても異なる。オーストラリアは日本の二十倍にもあたる広い国土を有する関係で、親元を離れて学ぶ寄宿学校や、郵便・無線・インターネットなどを通して行われる遠隔通信制学校が設置されてきた。このうち、コロナ禍の遠隔通信制学校の実践報告によると、クイーンズランド州の一遠隔教育学校では、授業形態は内容・授業方法面の双方において、コロナ禍以前と「全く」と言っていいほど変化がなかったという。精神面などにおいても、とりわけ「農場に住む生徒は、もともと隔離されている人たち」であり、「自己隔離も全然問題なかった」と報告されている(8)。

オーストラリアにおけるこうした従来からの遠隔教育の存在が、コロナ禍における学校の教育支援に寄与した側面も部分的に浮かび上がっている。例えば山田の研究では、リモート教育支援ユニットを活用することで十日以内にホームページを立ち上げることができたというニューサウスウェールズ州の教育省の評価が紹介されている(9)。また、草の根レベルでの支援であるが、クイーンズランド州では、遠隔通信教育学校の教員に対して、近隣の全日制の学校の教員からノウハウを教えてもらえないかと要請があったという(10)。

なお、コロナ禍のリモート教育の効果と課題として、適切な環境さえ準備することができれば一定の効果が得られる反面、地理的・社会経済的に不利な状況にある家庭においてはその環境の整備が難しい状況にあることが浮き彫りになっている(11)。

以上をまとめると、先行研究では、コロナ禍における政府の教育方針や諸対応、学校から提供された教育、結果として生じた子どもたちの間の学力格差といった点を明らかにしてきた。しかしながら、そうした教育を成立させるうえで重要な要素となる保護者が、コロナ禍の子育て・労働・教育の狭間でどのような経験をしたのかが、ほとんど明らかになっていない。僅かながら明らかになっているのは、コロナ禍での精神的ストレスは子どもよりも保護者がより多く受けていたという調査結果が紹介されている程度である(12)。ここには、コロナ禍において、保護者にどのような負荷を与える出来事が生じたのか、さらにその出来事に多くの保護者はどのように対応したのかといった点を、広く把握するという課題が残されている。

そもそも、コロナ禍以前のオーストラリアの遠隔教育においては、保護者が子どもの教育環境を整備し、チューターの役目を主に担うことが多かった。とりわけ、自宅学習は保護者とセットで論じられるべきものとされてきた。新型コロナウイルスの流行により、学校が閉校または自由登校となったことで、子どもの学習における保護者のサポートの比重は増すこととなった。コロナ禍以前には遠隔教育とは縁遠かった世帯も含めて、オーストラリアの保護者は、コロナ禍にどのように対応したのだろうか。もともと遠隔教育の先進国であったオーストラリアを事例にこの点を検討することで、日本には見られなかった工夫や知恵を浮かび上がらせることができるのではないか。以上の目的から、本稿ではオーストラリアの広域を対象に、コロナ禍の子どもの教育をめぐる保護者の対応を時系列に沿って明らかにしていく。

三、分析データの概要

コロナ禍における子どもの教育をめぐる保護者の対応を検討するうえで、本稿ではメディアの報道に着目する。その理由は以下の三点にある。第一に、人々が外部との接触や外出を最小限にしてステイホームを強いられるような環境下においては、個々人の情報源に占めるメディアの報道の比重が、通常時に比べて高くなる。つまり、メディアを通して人々に社会の情報や知識が伝達され、それが日々の教育をめぐる対応に影響を与えた可能性が高いと言える。第二に、メディアの報道は人々の関心を先読みするかたちでなされるという特徴がある。そのため、コロナ禍において、保護者が子どもの教育をめぐりどのようなことに関心を持っていたのかを、メディアを通して間接的に垣間見ることができるだろう。第三に、一部の地域や特定の家族に限定されない、さまざまな環境下に置かれた家族の状況や対応を広く把握することができるという点が挙げられる。

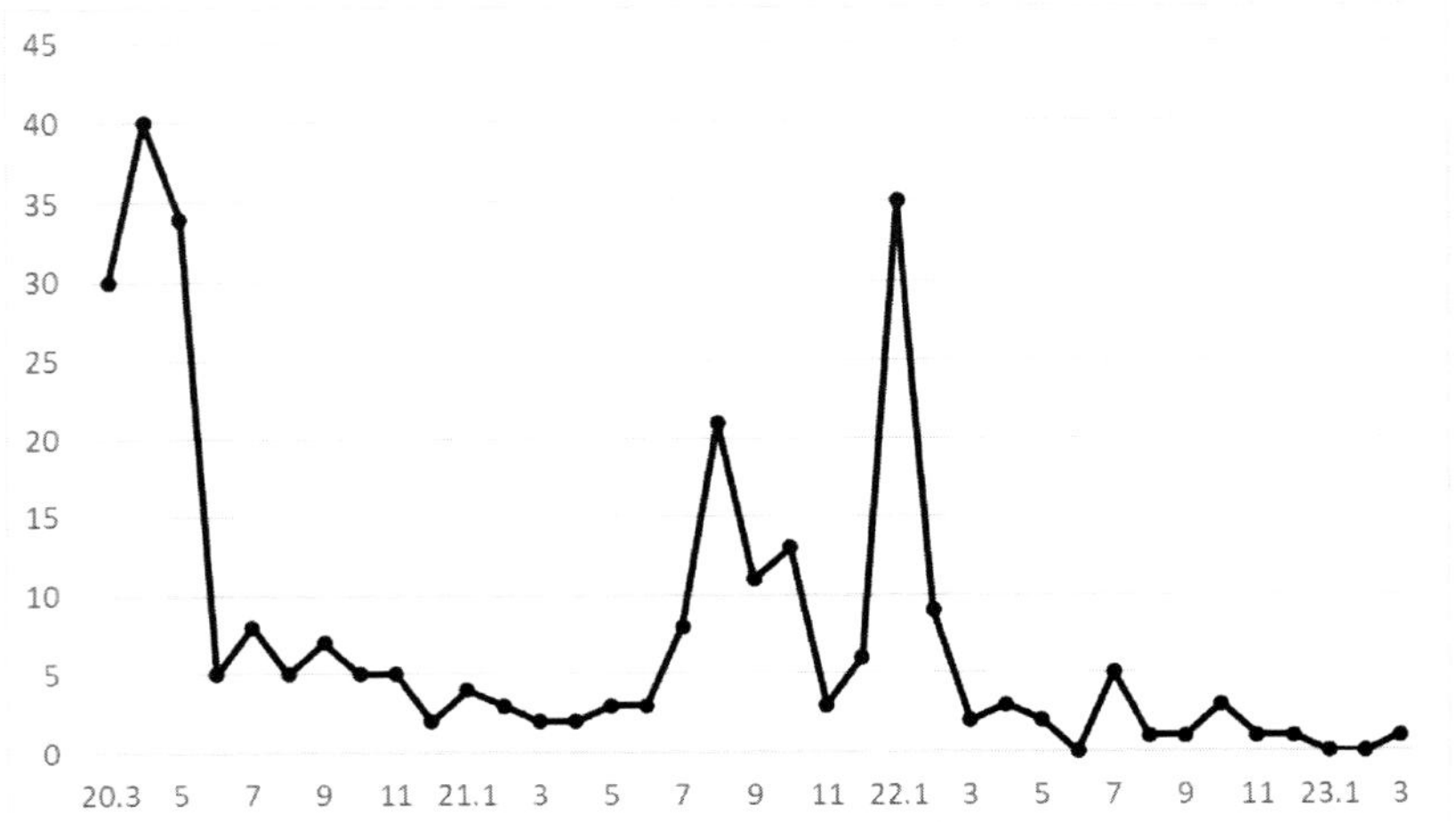

図1.　コロナ禍の家族と教育に関する記事件数の推移

なお、主なメディアの種類には新聞・ラジオ・テレビジョンがあるが、本稿では、豪州の公共テレビ放送局であるオーストラリア放送協会（Australian Broadcasting Corporation）のニュース番組「ABCニュース」を分析対象とする[13]。テレビは映像と音声を通して伝達するメディアであるため、新聞よりも識字能力を必要としない。また、ラジオのようにヒアリング能力のみに頼るメディアではない。そのため、移民の多いオーストラリア社会において、様々な階層・人種に広く開かれたメディアだと言える。また、ABCニュースは、民営放送に比べてオーストラリア全土のニュースを幅広く放送しているため、地域を超えた情報を把握できるという利点がある。加えて、一日のさまざまな時間帯を通して放送され、同社のインターネット上のサイトにもニュースの記録が残されているため、様々なライフスタイルをとる家庭においても目を通しやすく、幅広い層に影響を与える可能性があると言える。

分析範囲は以下の通りである。ABCニュースのウェブサイトの記事検索機能を用い、二種類の検索キーワード「Covid-19 homeschooling」（六十五記事）および「Covid-19 school parents」（二百四十五記事）で検出された記事のうち、重複記事を除いた計二百八十四記事を分析対象とした。ホームスクーリングという言葉には、すでに家族が子どもの教育の管理をすることが前提として含まれているため、保護者というキーワードは含めなかった。また、学校をキーワードに含めることで、自宅学習以外の保護者の対応も把握できるようにした。図一は、これらの家族と教育に関する記事件数を時系列に並べたものである。図からは、記事数の傾向をもとに、以下の四区分の時期があったことが窺える。

第一に、二〇二〇年三月を山として報道が過熱する時期（Ⅰ期・二〇二〇年三月～五月）である。第二に、二〇二〇年六月から一年一カ月にわたり報道が沈静化する時期（Ⅱ期・二〇二〇年六月～二〇二一年六月）である。第三に、二〇二一年八月と二〇二二年一月に二つの報道のピークをもつかたちで報道が再熱する時期（Ⅲ期・二〇二一年七月～二〇二二年二月）である。第四に、二〇二二年三月以降に、報道が再び沈静化する時期である（Ⅳ期・二〇二二年三月～二〇二三年三月）。

これらの報道の増減は必ずしも新型コロナウイルス感染者数の増減と連動しているわけではない。Ⅰ期は新型コロナウイルスの第一波がオーストラリアに到来した時期と重なり、感染拡大と関連して報道が過熱したと推察される。ところが、Ⅱ期は新型コロナウイルスの第二派が到来した時期（二〇二〇年七月～十月）を含むものの、この時期の報道は沈静化していた。なお、Ⅲ期は新型コロナウイルスの第三波の到来期とある程度連動しており、感染が拡大しはじめた時期（二〇二一年七月）に最初の報道過熱の時期が重なっている。ここには、なぜ、感染者数の増減と報道が必ずしも連動しないのか、という疑問が生じる。この理由については、次章以降で報道を整理したうえで、最後に考察を加える。

以下の章では、これらの時期区分別に、どのような問題が報道されていたのかを考察することで、コロナ禍の保護者を取り巻く教育環境と対応を浮かび上がらせていく。

四、第一波の到来と報道の過熱（二〇二〇年三月～五月）

オーストラリアは一月から十二月までが一年度にあたる。州により若干誤差はあるものの、一学期は一月下旬～二月初旬から、四月の初旬~中旬となっている。新型コロナウイルスが本格的に流行し始め、第一波の波が高まったのは三月で、ちょうど一学期の半ばを迎える頃であった。

この時期にもっとも多く、かつ早い段階から積極的に報道されたのが自宅学習に関するニュースである（二十八回報道）。三月十八日には「親や保護者は自宅学習に向き合うことが予期される」[14]という未来予想図が報道されたのを皮切りに、万が一の学校閉鎖にそなえた「ホームスクーラーへのティップス紹介」[15]といったように、方法論に関する情報が一挙に報道され始めた。

こうした報道と時を同じくして連邦政府の方針に対する疑念も報道されていった。三月十八日の「保護者の間にコロナウイルスの不安が広がるも、学校は『当面』開校を継続と表明」[16]というスコット・モリソン首相（当時）の声明を受けて、それに反論するかのように「なぜオーストラリアではまだ学校が開校――諸外国は閉鎖相次ぐ」[17]といった国際比較が複数件報道され、更には「タスマニアの何百もの企業が閉鎖、学校は引き続き開校」[18]といった国内の他業種との比較がなされた。また、保護者の不満の声も報道されるようになる。そこでは、開校が続けば「保護者からの糾弾が教員の怒りを増加」[19]させるといった懸念や、「子どもたちを学校に行かせない親が増えている」[20]といった自主的な自粛行動が相次いで報道された。このように、開校継続を求める連邦政府の方針とは対照的に、諸外国の状況、保護者・教員の意識を根拠としながら学校閉鎖を訴える報道が数多くなされていった。

四月中旬、オーストラリアでは通常二週間程度のイースターホリデーに入る。この時期になると、二学期の学校方針をめぐり連邦政府と州政府の対立するような報道が相次ぐ。モリソン首相（当時）は、「保護者が『日々の食事を賄えるよう』コロナ下での学校開校を要請」[21]した。他方で各州政府は多くの地域において、四月下旬から始まる二学期を自宅学習にする措置を取り始めた。そこでは優先的に登校すべき生徒を限定するなど、州や州内の地域によっても多様な措置がとられた[22]。

このように政府間の対立や混乱のもとで、教員らの不満の声も多く、二学期の政府の方針が矛盾していることへの批判や、新学期の準備が教師の大きな負担になっていることを労働組合が発表するといったように、エッセンシャルワーカーとして教員が劣悪な労働環境に立たされていることが相次いで報道された[23]。

自宅学習が開始されてまもなく、ケアラーや移民といった家庭環境の違いから保護者の一部が抱える困難について報じるようなニュースもあった[24]。しかし、こうした特別なニーズをもつ子どもたちや家族の報道はわずか三件しかなかったのに対し、自宅学習の方法論に関するニュースは数多く報道された。そこでは、「保護者はどのように授業日を計画するのか」[25]、「答えとして求められたのは、遊びを通した学習」[26]といったように、より具体的かつ実用的な報道が、時には事例を交えながら詳細に報道されていった。

以上をまとめると、この時期の報道には次の二つの特徴がみられた。第一に、休校の方針が定まる以前から自宅学習に関する豊かな情報提供がメディアを通して各家庭に伝達されていった。臨時休校措置をとるのみであった日本とは大きく異なり、遠隔教育先進国としての豊富な知識の資源が保護者に提供されていったのである。第二に、学校閉鎖は保護者からの厚い支持を受ける形で歓迎されていった。そこでは特別なニーズを抱える子どもたちと保護者の存在が垣間見えながらも、自宅学習に突き進んでいった様子が窺える。

五、報道の鎮静化のなかでの第二波の到来（Ⅱ期・二〇二〇年六月～二〇二一年六月）

二〇二〇年六月以降、一年にわたり新型コロナウイルスと家族、学校に関する報道が沈静化する。この時期は感染の第二波（二〇二〇年七月～十月）を含み、市中感染が起きた地域で厳しいロックダウンが行われ、時には長期化するといったように、地域別の対応がとられるようになった[27]。

この時期の報道で最も多かったのは登校再開関連で、「涙と喜びと――クイーンズランドの学校、月曜日に再開予定」[28]といったように、一部の地域で登校再開が決定されるたびに報道がなされるといった状況が続いた。この頃、保護者のメンタル面の問題を指摘する報道も現れるようになった。例えば「コロナウイルスによるロックダウン中に女性が男性よりも飲酒する傾向が高かった理由」[29]と題し、女性は家族のケアを担わされる傾向にあり、ストレス緩和などのために飲酒に走る傾向にあったことが報道されている。こうした報道が現れ始めた背景として、二〇二〇年五月まで全国的に敷かれていたロックダウンが一旦緩和されたことをふまえると、ロックダウンが解除された一部の地域で、家庭の状況や問題が徐々に可視化されるようになったことが窺える。

六、第三波の到来と報道の二つの波（Ⅲ期・二〇二一年七月〜二〇二二年二月）

新型コロナウイルスの第三波は、デルタ株による感染拡大のもと、二〇二一年七月以降、大きなピークを迎える。この時期の保護者と学校に関するニュースは、デルタ株により感染者が急増した二〇二一年七月〜十月の時期と、少し間をおいて、新年度が始まる直前の夏休みにあたる二〇二二年一月に増加する。

まず、感染者が急増した二〇二一年七月〜十月の時期の報道の多くは、ロックダウンと休暇中の問題に関するものであった。この時期、市中感染が起きた州と特別地域でロックダウンが長期化することとなった[30]。他方でこの時期はオーストラリアの秋休み（九月下旬〜十月初旬）にも重なる時期であった。そのためロックダウンかつ長期休暇中に子どもとどのように過ごしたらいいのかといったティップスの紹介や、子どもが外出できずメンタルヘルスに問題を抱えた時のケア方法に関する報道が相次いだ[31]。

次に、二〇二二年一月に一気に増加したのは、目前に控えた新年度の学校再開に向けたワクチン接種に関する報道である（該当記事十一件）。各地でワクチンの供給をめぐる問題が生じ、新学期までに接種が間に合うのかというなかで「保護者は学校再開に不安」という報道[32]、「親たちが子どものワクチン接種に動き出す」というニュースが相次いだ[33]。更にはワクチン接種を受けたあとの不安にまで拡大し、「親たちは子どもたちにワクチンを接種させるために多大な労力を費やしているが、新学期開始以降は一回の接種で十分だろうか？」[34]、といった不安をあおるような報道も現れるほどであった。

こうしたなか、オーストラリア連邦政府の健康省主席医務官補佐の「学校再開前に子どもたちにワクチンを接種するのに十分な供給がある」といった声明をはじめ、ワクチン予約と接種を保証するといった、保護者の不安を軽減させるような報道が相次いだ[35]。さらに、「学校再開においてワクチン接種も準備の一環」といったように予防接種を行うのは保護者の責務であるといった点に強調を置くニュースが複数報道されるなかで[36]、ワクチン接種の報道はようやく収束を見せていった。

七、報道の再鎮静化（Ⅳ期・二〇二二年三月～二〇二三年三月）

二〇二二年三月以降は、保護者と学校に関する報道はほとんど見られなくなる。一年間で二十件しかない報道件数のうち、特筆すべきものは感染防止策に関する報道と（五件）、学校の安全性に関する報道（五件）、自宅学習を行う家族の増加に関する報道（二件）である。

感染防止策に関する報道は、学校再開に向けたワクチン接種の呼びかけに関する報道に加え、マスク着用に関する対応も三件を占める。ビクトリア州政府はマスク着用を義務づけ、クイーンズランド州内では強く推奨されるという対応がとられた。他方で、義務化のなかった西オーストラリア州では、教職員組合が生徒にマスクを着用するよう保護者に協力を依頼するといったように、エッセンシャルワーカーとしての教員の労働環境の安全性を保てるように教職員組合の働きかけなどが報道されている[37]。

他方で、学校が用意した感染防止対策に関して安全性を懸念するような保護者の声も報道されている（五件）。そこでは例えばニューサウスウェールズ州の学校では簡易抗原検査が導入されることについて、検査の信頼性に懸念を示す保護者の声や、クイーンズランド州では新型コロナウイルス感染症の陽性者が五人以上でない限り家族に通知する義務がない現状に疑念を呈すといったように、陽性者の検出方法や、感染関連の通知に関する不信が相次いで報道されている[38]。

このように学校への懸念を抱くような報道がみられるなかで、新しい現象が報告されるようになってきた。「クイーンズランド州のホームスクール登録者数、六十九パーセント増加」[39]、コロナ禍のなかで厳しい制限を敷く学校に不適応を起こすかたちで『意図せざる』ホームスクーラーが増加」[40]といったように、感染防止の観点やコロナ禍の学校の対応に不満を抱いたり不適応をおこすかたちで、自主的に登校をしない子どもが増加していることが報道されるようになった。そこでは、コロナ禍をきっかけにホームスクールを行うなかで、既存の学校教育に対する違和感をもつようになり、オルタナティブ教育を志向するといった保護者も紹介された。

八、おわりに

本稿では日本への示唆を得ることを目的に、遠隔教育の先進国であったオーストラリアにおけるコロナ禍の教育と家族の対応を検討してきた。これまでの事例をふまえると、今後の日本の有事における教育に有益となるような対応として、次の二点を指摘できよう。

第一に、自宅学習をはじめとした遠隔教育の実践と研究を重ねるという方策である。オーストラリアでは、新型コロナウイルスの感染が拡大し始めてすぐ、自宅学習に関する豊富な知識がメディアを通して伝達され、各家庭で教育を提供する環境の素地が作られた。日本ではこれまで遠隔教育研究と実践はオーストラリアほど盛んではなかった。しかし、今後は平時より実践と研究を積み重ねることができれば、有事の際にも迅速に情報提供を図ることができるであろう。

第二に、オルタナティブな教育の場を整備・確保することで、有事の際に対面学習以外の学習方法に抵抗がないような意識を保護者にもたらすことが可能になる点が挙げられる。オーストラリアの事例では、州政府が指示をする前から自宅学習に入る保護者もいるなど、自宅学習は積極的に保護者に受け入れられていった。そこには、教育保障の観点から日常的に遠隔通信教育校が存在し、遠隔教育に対する抵抗が日本ほど強くない――すなわち、学校に登校して学ぶことが全てだという意識が強固でなかったことが示唆される。

ただし、こうした工夫を導入したあとも課題は残される。オーストラリアのコロナ禍の学校教育と家族に関する報道は、感染者数の増減と報道が必ずしも連動していなかった。その背景のひとつとして、厳しいロックダウンが解除された後に、ようやく家庭内における女性のストレスの問題などが可視化されたように、家庭内の実態の解明が遅れるという状況が見て取れた。つまり、ここには教育に関する営みのほとんどが家庭というプライベートな空間に集中するなかで、さまざまな問題が不可視化されるというリスクが示唆される。

政府の報告書や研究などでは、マイノリティの抱える困難が少しずつ浮き彫りになりつつあるが、十分とは言い難い状況にある。本稿ではコロナ禍において豪州の保護者にかけられた負荷と、それに対する多くの保護者の対応の把握に焦点を置いたため、個々のマイノリティの抱える困難を描く上では限界があった。他方で、本書の中野論文では、複数言語環境に生きる親子であり、かつ一教員として、コロナ禍のシドニーでいかなる困難を経験したのかが、詳細かつ鋭利に描かれている。教育的営みがプライベートな空間に集中するなかで不可視化されるマイノリティのリスクがいかに第三者には見えづらく、かつ奥行きをもつ問題なのかを把握するうえでも、ぜひ中野論文を参照されたい。

注

(1) 山崎智子「教育改革のジレンマのなかにいる日本の教員――コロナ禍における教育政策の分析から」(『比較教育学研究』六十六号、二〇二三年、八十～九十七頁)、八十六頁。

(2) 布川あゆみ「コロナ禍での生きづらさに目を向ける――保護者の立場から」(園山大祐・辻野けんま編『コロナ禍に世界の学校はどう向き合ったのか――子ども・保護者・学校・教育行政に迫る』東洋館出版社、二〇二二年、六～九頁)、六頁。

(3) Australian Government Department of Education, *COVID-19 National Principles for School Education* (https://www.education.gov.au/covid-19/schools/covid-19-national-principles-school-education) 2023.7.1 最終アクセス.

(4) 青木麻衣子「オーストラリアにおける遠隔教育――Ｃｏｖｉｄ１９の影響と遠隔教育学校」(『オセアニア教育研究』二十七号、二〇二一年、二～十頁)、三頁。

(5) 青井未帆「海外コロナ事情――現地からのレポート　オーストラリア編　機能するデモクラシーの重要性を知る」(『法律時報』九十三巻七号、二〇二一年、六十八～七十一頁)
(6) 赤岩弘智「オーストラリアとニュージーランドにおける新型コロナウイルス感染症対策〔後編〕」(『自治実務セミナー』二〇二〇年十月号、二〇二〇年、六十八～七十一頁)
(7) 赤岩弘智「オーストラリアにおける新型コロナウイルス感染症対策の転換」(『自治実務セミナー』二〇二二年三月号、二〇二二年、六十八～七十一頁)
(8) 土井由香里「クイーンズランド州におけるＳｃｈｏｏｌ ｏｆ Ｄｉｓｔａｎｃｅ Ｅｄｕｃａｔｉｏｎ」(『オセアニア教育研究』二十七号、二〇二一年、十一～二十四頁)、十八頁。
(9) 山田真紀「ＣＯＶＩＤ―１９影響下におけるオーストラリア公立学校のリモート教育の実態と課題――ＮＳＷ州シドニー市の小学校を事例として」(『オセアニア教育研究』二十七号、二〇二一年、二十五～三十八頁)、三十五頁。
(10) 前掲、土井、二〇二一年、十八頁。
(11) 前掲、青木、二〇二一年、四頁。
(12) 伊井義人「オーストラリアにおけるコロナ禍による教員の変容」(『比較教育学研究』六十六号、二〇二三年、四十二～六十頁)、五十五～五十六頁。
(13) Australian Broadcasting Corporation (https://www.abc.net.au/) 2023.7.1 最終閲覧.
(14) ABC NEWS, Parents and carers face home schooling prospects amid coronavirus crisis, 2020.3.18.
(15) ABC NEWS, Coronavirus has parents gearing up to home tutor if schools close. Here are some tips from homeschoolers, 2020.3.19.
(16) ABC NEWS, Schools in Australia to stay open for 〝foreseeable future〟, Scott Morrison says, despite coronavirus spread fears among parents, 2020.3.18.
(17) ABC NEWS, Why are schools still open in Australia when coronavirus is prompting closures overseas?, 2020.3.19.
(18) ABC NEWS, Hundreds of Tasmanian businesses to close amid coronavirus outbreak, schools remain open, 2020.3.23.

(19) ABC NEWS, Parent abuse adds to teachers, anger as schools stay open during coronavirus pandemic, 2020.3.20.
(20) ABC NEWS, Chart of the day: The coronavirus crisis prompts more parents to keep kids home from school, 2020.3.25.
(21) ABC NEWS, Scott Morrison urges teachers to open schools amid coronavirus so parents can put "food on the table", 2020.4.15.
(22) 報道の一例は以下の通り。(ABC NEWS, Classrooms reopen in the Northern Territory, where there, s been no coronavirus community transmission, 2020.4.20.)。
(23) ABC NEWS, Teachers criticise mixed messages about how term two will roll-out amid coronavirus pandemic, 2020.4.23./ ABC NEWS, Teachers face "unreasonable workloads" preparing for coronavirus impact on term two, union says, 2020.4.9.
(24) ABC NEWS, Grandparent carers grappling with home learning, increased costs amid coronavirus, 2020.4.19./ ABC NEWS, Migrant parents in Australia face challenges posed by home learning model amid coronavirus pandemic, 2020.4.17.
(25) ABC NEWS, Learning from home during coronavirus is a new challenge. So how are parents organising the school day?, 2020.4.18.
(26) ABC NEWS, When coronavirus forced me to home-school my daughter, learning through play was the answer we both needed, 2020.4.27.
(27) 前掲、赤岩二〇二二、六十九頁。
(28) ABC NEWS, Tears and cheers expected as first Queensland classrooms reopen on Monday, 2020.5.9.
(29) ABC NEWS, Why women were more likely to drink alcohol than men during the coronavirus lockdown, 2020.6.10.
(30) 前掲、赤岩二〇二二、六十九頁。
(31) ABC NEWS, Tips on how families can cope with school holidays spent in COVID lockdown, 2021.7.1./ABC NEWS, When kids cave under the pressure of COVID lockdowns, it turns out skateboarding can help, 2021.8.7.
(32) ABC NEWS, Parents anxious about school return as child vaccination rollout due to begin, 2022.1.7.
(33) ABC NEWS, Parents move to vaccinate children ahead of WA border reopening amid supply issues, 2022.1.7.

(34) ABC NEWS, Parents are going to extraordinary lengths to vaccinate their kids, but will one dose be enough once school starts?, 2022.1.11.

(35) ABC NEWS, Deputy Chief Medical Officer says supply sufficient to vaccinate children before school returns, 2022.1.11.

(36) ABC NEWS, Schools are reopening and vaccines are part of the preparation. Here are some of your common questions ahead of the big day, 2022.1.25.

(37) ABC NEWS Queensland students 〝strongly encouraged〟 to wear masks in school as COVID-19 numbers rise,2022.7.18. / ABC NEWS, Victorian government asks school students to wear masks in class as state〟 s COVID-19 cases spike,2022.7.19./ ABC NEWS, WA teachers〟 union asking parents to help make students wear masks in absence of mandate, 2022.7.19.

(38) ABC NEWS, Parents concerned by reliability of rapid antigen tests given out by NSW schools, 2022.8.23./ ABC NEWS, Queensland schools aren〟 t required to notify families if a student tests positive for COVID-19. Should they be?, 2023.3.17.

(39) ABC NEWS, Queensland homeschooling registrations increase by 69 per cent, 2022.10.28.

(40) ABC NEWS, 〝Accidental〟 homeschoolers are rising as some parents feel they have no choice but to withdraw their children, 2022.11.21.

ポストコロナの時代において求められる複数言語環境に生きる子どもへの「ことばの教育」実践を考える
―コロナ禍のオーストラリアで実践者としてどのように向き合ったのか

中野千野

一、はじめに―変わりゆく日常

世界中をパンデミックに巻き込んだ新型肺炎コロナウイルス感染症（Coronavirus disease 二〇一九、以下、新型コロナウイルスとする）は、二〇二三年五月、世界保健機関（ＷＨＯ）によって「国際的に懸念される公衆衛生上の緊急事態」の終了が宣言された[1]。欧米諸国を中心に感染対策が既に撤廃されている国も多く、わたしが住むオーストラリアでも然り、コロナ禍はもはや過去の出来事となりつつある。

二〇一九年の十二月に突如として現れたこの新型コロナウイルスは、瞬く間に世界中へと広がり、厳しい移動制限や徹底したソーシャルディスタンスの施行など、それまでのわたしたちの日常を次々と劇的に変えていった。このかつてない非日常の世界は、二〇二三年に入り、ようやく落ち着きを見せ始めた。今ではコロナ禍以前の日常をも彷彿とさせるほどである。他方、コロナ禍の教育現場や職場で大いに活躍したＷｅｂ会議ツール（たとえばＺｏｏｍ）は、今では状況に応じて、対面とオンラインを組み合わせながら行うハイブリット型の遂行へと移行している。

オーストラリアは、世界の中でも最も厳しい都市封鎖（以下、ロックダウンとする）の政策をとった国の一つである。そのオーストラリアで多くの人が住むニューサウスウェールズ州では、ロックダウンが二回実施された。一回目は、二〇二〇年の三月下旬から五月中旬までの約一か月半（以下、一回目のロックダウンとする）、二回目は二〇二一年六月下旬から十月下旬までの約四か月である（以下、二回目のロックダウンとする）。わたしは、そのシドニーに二〇一七年から居住している。

本稿では、コロナ禍のオーストラリア（シドニー）で経験した日常を振り返りながら、子どもへの「ことばの教育」の実践者（日本語教師であり、一人の親）として「ことばの学び」にどのように向き合い、実践してきたのかを報告する。その報告をもとに、その背景にあるオーストラリアの社会的、教育的な文脈との関係性を明らかにする。その結果を踏まえた上で、ポストコロナの時代において求められる複数言語環境に生きる子どもへの「ことばの教育」実践とは何かを考えてみたい。

二、翻弄される教育実践―現地校の場合（一回目のロックダウン）

まず、息子の学校(現地校)の状況から述べる。オーストラリアのロックダウンは、わたしが予想していたよりもずっと早くに始まった。オーストラリア政府は、二〇二〇年三月下旬、当該月の二十五日から施設閉鎖や活動制限にかかわる措置の拡大、豪州人（永住者を含む）の海外渡航禁止、そして、入州の規制措置を行うことを発表した（Australian Government, March 2020 news archive）(2)。いわゆる事実上のロックダウンである。この日からオーストラリアの「鎖国」状態は、二〇二一年十一月の国境再開まで続くことになる。

二〇二〇年の三月初旬、わたしも含めてオーストラリアに住む多くの人にとって新型コロナウイルスは、どこか遠い国の出来事であり、他人事だった。ところが日を追うごとに感染状況が悪化、新型コロナウイルスは全世界へと広がっていった。三月半ばには、オーストラリアでも感染が広がり始め、いよいよ身近な脅威として現実味を帯びてきた。私が住むシドニー（ニューサウスウェールズ州）でも、保護者（保護者に代わり、その子どもをケアする人も含む）の間では、子どもの学校がいつ閉鎖されるのかその話題でもちきりだった。特に仕事を持つ親にとっては、日中は誰が子どもの面倒を見るのか、兄弟で異なる学校に通わせている場合はどう対応するのかなど、予め準備しておかなければならないことが山積みだからである。とはいえ、ニューサウスウェールズ州では、四月になればすぐにスクールホリデー（イースターホリデー）に入る時期に来ていたため、保護者の間では、前倒しで長いホリデーになるだろうなどと楽観視していた。ところが現実は違った。ホリデーどころか、楽観視とは対極の現実が待ち受けていたのである。

二〇二〇年三月十五日、オーストラリア政府は海外からの全ての渡航者に対して十四日間の自己隔離を義務づけ、国際クルーズ船の入港を拒否、ソーシャルディスタンスの措置を発表した（在シドニー日本国総領事館、二〇二〇年三月十五日）。他方、息子の学校からも連日のようにメールが配信され、そこには、このような状況にあっても学校は閉鎖せず、対面授業も続けるといった趣旨が書かれていた。わたしは不安を覚えながらも、メールの文言通り、対面授業が続けられることを切に願った。ところが三月十七日の学校からのメールに添付されたレター（資料一を参照）で、オンライン授業(3)への移行を示唆する連絡が来たのである。その内容は、三月二〇日はオンラインで終日授業を行うこと、学年のセクション(4)ごとにどのテクノロジーを使い、どのようにオンライン授業を進めていくのかについての説明であった。今、この前後に来た当時のメールに添付されたレター（以下、レターとする）を見返すと、オーストラリア政府が次々と発表する政策に、学校側の対応も目まぐるしく変わっていることがわかる。当初、学校側は、国が新型コロナウイルスの問題に対応している間は、政府機関（例えば保健省や教育省など）の〈学校を開いたままにする〉という決定に準じ、なぜ開いたままにするのかという理由を説明していた。その理由に挙げられていたのが、子どもの感染率が低いこと、学校を閉鎖することで子どもが被るデメリットの方が大きいことであった（資料一）。ところがその翌日の十七日のレターでは、対面授業からオンライン授業への移行が示唆され（資料二）、二十二日のレターでは、感染状況の悪化に伴い、政府から学校閉鎖に関する重要な発表があること、学校側もそのように急変する状況に合わせて、可能な限り対応しようとしていることが書かれている。そしてついに最後の段落では、三月二十四日は学校を閉鎖し、翌二十五日からは、追って政府からの発表があるまでオンラインで授業を続けることが記載されている（資料三）。

このようにして、突然始まったオンライン授業への移行は、最初は混乱の連続であった（一回目のロックダウン時の実践の詳細については、中野、二〇二〇ａを参照）。その混乱の背景には、一つは、これまでわたしたちが経験したことのない緊急事態の中で、教師と子どもたちのみならず、保護者までもが突然オンライン授業への参加を余儀なくされたこと、もう一つは、オンライン授業に参加する年齢や学年が大きく左右したことが挙げられる。たとえば、我が家の場合、息子は当時小学校三年生になったばかりであった。オーストラリアの学校の多くは、小学校の中・高学年あたりから情報通信技術（Information and Communication Technology 以下、ＩＣＴとする）を使った授業が始まる。息子の学年の場合、まさにこれからという状況に加え、学習内容もそれまでの具体的で体験的な内容から、より抽象的な内容へと移行する段階であった。そのような時に、三年生は「Google classroom」（以下、グーグルクラスルームとする）とビデオ・Ｗｅｂ会議のアプリケーションである「Ｚｏｏｍ」（以下、ズームとする）を使ってオンライン授業が行われることになったのである。オンライン授業への移行が決定してからは、保護者向けにダウンロードの方法や手順がメールで次から次へと送られてきた。先述したように、三年生のほとんどの子どもたちはＩＣＴを使った授業を受ける前であったので、まだパソコンの使い方をきちんとわかっていない子どもも多くいた。他方、保護者のほうも、ズームやグーグルクラスルームということばさえ初めて耳にする者も多かった。息子の学校では、就学前教育であるキンダーガーデン(5)の時から、時々授業でｉＰａｄを使ってはいたものの、年齢的なこともあり、一人で課題を提出したり、写真にとって送ったりという経験はなかった。ということは、子どもが一人でパソコンの前に座り、ズームで授業を受け、グーグルクラスルームから課題をダウンロードして、提出するといった流れには到底ならない。その結果、オンライン授業においては、保護者がパソコンなどの使い方といったハードとソフトの面から教科の内容に至るまで付ききりでサポートしなければならない状況に陥ったのである。そのため、クラスの携帯電話アプリによるチャットには、親たちの悲鳴や相談事で溢れ返っていた。

三、翻弄される教育実践―勤務校（土曜校）の場合（一回目のロックダウン）

次に、わたしの勤務校の状況を述べる。時同じくして、わたしの勤務校でも三月十七日に教員あてに学校閉鎖（休校）のメールが届いた。当時わたしは、毎週土曜日には、日本語補習授業校（以下、勤務校とする）で、小学部一年生の担任として日本語を教えていた。勤務校は、その週末から学校閉鎖の特別措置に入ったが、現地校のような混乱は見られなかった。勤務校からのメールには、二十一日から「日本語補習授業校」(6)を「休校」にすること、しかしながら「休校期間中の土曜日の午前中に、子ども達」が「自宅で日本語学習が一～二時間できるように担任が『学習メニュー』」を作成し、「その週の宿題（所要時間：週一、三時間程度）も一緒に」保護者にメールで送り、「通学はできなくても子ども達が学習を続けられるよう」にしてほしいということが記されていた（勤務校からの二〇二〇年三月十八日のメール）。勤務校でもズームやグーグルクラスルームを使って授業を遂行することが検討されてはいたが、あまりにも突然のことで、今すぐに対応できるほど教員も事務スタッフも準備が整っていなかった。それに加えて、わたしのクラスはまだ一年生であり、ズームを使ったオンライン授業が年齢的にどこまで可能かという課題もあった。そこでまずは、メールに「学習メニュー」と教材を添付して保護者に送り、スキャンまたは写真でとって送り返してもらい、添削して返すという方法で、学年末を乗り切ることになった。

他方、教育省から提供されるコミュニティランゲージスクールの教員向けのオンライン研修やワークショップも、ロックダウンに入った直後から次々と開催されていった。希望する者は、日時さえ合えば誰でも無料で受けることができた。勤務校でも、情報通信（Information Technology、以下、ＩＴとする）に強い教師や保護者が中心となり、オンラインで教師向けに、ズームやグーグルクラスルームの使い方の研修会が立ち上がり、五月二日から始まる新学期に向けて準備を重ねていた。

新年度、わたしは「七年生」というマルチエイジクラスの担任になった。このクラスには、日本につながりを持つ十二歳から十五歳までの生徒が在籍していた。オンライン授業は三時間だった。わたしは二回のズームセッションを取り入れ、グーグルクラスルーム、パワーポイント（またはグーグルスライド）、作成した動画、ｉＰａｄなどを使いながら授業を行った。クラスの生徒たちは、オンライン授業への移行云々にかかわらず、これまでも現地校でＩＣＴを使い、様々なタスクを遂行していたため、ほとんどの生徒がわたし以上にパソコンの操作、グーグルスライド、グーグルクラスルームの使い方に慣れていた。

このように、勤務校では現地校の時のような混乱は見られなかった。その背景には、既に現地校ではオンライン授業が実施されており、教員と生徒だけではなく、保護者もまた、現地校でのオンライン授業の経験を活かしていたこと、勤務校はスクールホリデーを挟んで新学期に入ったため、準備する時間があったこと、教育省が提供する教員研修やワークショップなどの支援を受ける機会があったこと、七年生は、年齢的に既に現地校でＩＣＴを使った教育に慣れていたことなどが挙げられる。

四、オンライン授業―現地校の場合（二回目のロックダウン）

現地校のオンライン授業は、混乱の中での突然のスタートとなったが、慣れもあってか、日を追うごとに落ち着きを見せ始めた。何より驚かされたのは、授業が対面からオンラインという方法に変わっただけで、ＩＣＴを使いながら普段の対面授業とほぼ変わりなく、朝の出席確認から休み時間、ランチ、体育、音楽、全体集会に至るまで滞ることなく遂行されていったことである。オンライン授業は、グーグルクラスルームの他に、動画とズームを組み合わせて行われ、用途に合わせてグループごと、クラスごと、学年ごとに分けられ、授業が展開されていた。また、物理的な移動が制限される中で、自由に会えないクラスメートとの絆を深めるために、休み時間や放課後にはズームで集まる時間が決められ、その時間は自由におしゃべりしたり、遊べたりする機会が設けられた。教科内容もそれまでの復習ではなく、三年生で学ぶべき新しい学習項目が導入されていた。

その年のニューサウスウェールズ州のスクールホリデーは、四月十日からだった。メルボルン在住の親同士の友達からは既にスクールホリデーに入ったと聞いていたため、わたしは、シドニーもそうなるだろうと楽観的に構えていた[7]。ゆえに、現地校がオンライン授業になったとしても、あまりにも突然のことだったので、対面授業が再開されるまでの暫定的な授業になるだろうと想像していた。ところがこのような緊急事態にあっても、現地校も勤務校も、ICTを使ってできる限り普段通りに授業を行い、子どもたちの学びをとめようとはしなかったのである。その一方で、日本の保育園時代の親同士の友達からは、日本の公立小学校は休校になり春休み入ったと聞いた。しかも春休みは延長され、五月のゴールデンウィーク明けまでだという。その間教材は郵送で送られ、そのほとんどが二年生の時の復習プリントだと聞いた。わたしは、この時初めて緊急事態におけるオーストラリアと日本の教育実践への姿勢の違いを肌で感じた。そして同時に、わたしもまた、この時ほどオンライン授業を「暫定的な授業になるだろう」と捉えた自身の教育実践観を恥じたことはなかった。

他方、コロナ禍でオンライン授業に切り替わったがために出てきた困りごともあった。わたし自身もオンライン授業を抱え、同時に息子のオンライン授業の支援もしなければならなくなったからである。息子は教科内容によっては、英語で授業についていくことが難しかった。加えて、それまでパソコンを使ってオンライン授業に参加するということもなかったため、画面越しの授業が苦手で、ついていけなくなると度々パニックに陥った。そのため、わたしは自身の授業の合間に、可能な限り息子のオンライン授業にも参加し、共に課題に取り組み、提出させていたのである。この経験は、文章で書けばたったの数行であるが、今でもその時どうやって毎日を送っていたのか思い出すのも苦しいほど、わたしたち親子にとっては辛い経験となってしまった。当然そんな毎日が長く続こうはずもなく、わたしは心身ともに疲弊し、現状からの打破を目指し、ついにわたしから担任教師とEAL教師[8]に連絡をとった。その結果、明らかになったことは、皮肉にもわたしが息子の学びを必死に支えていたことで、担任教師には息子の持つ「ことばの力」が見えず、息子は支援の対象外になっていたということだった。またEAL教師も、在籍学級におけるオンライン授業の負担を想うばかりに、EALの子どもたちへのことばの支援のあり方とその方向性に悩み、結果的には、在籍学級の子どもたちと同じことをさせるほうが負担にならないだろうと考えたという。その結果、我が家も含めてＥＡＬの子どもたちとその親は支援のない状態に陥っていたのである。

この経験は、とりわけ緊急事態において、複数言語環境で子どもを育てる親や教師が、どこまで、どのように支えるのかということを改めて考える機会となった。そして「誰のための、何のための学びなのか」という「学び」の根本に立ち返ることの重要性に気づかされた出来事でもあった。

五、一回目のロックダウンから見えてきたもの―実践者としてどう向き合ったのか

ここでは、わたしがオーストラリアで経験した一回目のロックダウンから見えてきたものを振り返り、整理する。

一回目のロックダウンから見えてきたものの一点目は、オーストラリアの緊急事態における教育実践への姿勢である。四章で述べたように、オーストラリアでは「休校」であれ、「学校閉鎖」であれ、それらは教育実践のない「休み」や復習といった形での暫定的な対応を意味するものではなかった。対面授業からオンライン授業へと方法は変われども〈いま・ここ〉を生きる子どものたちの未来を見据え、次の学習ステージへと移行する〈学びをとめない教育実践〉であった。このオーストラリアの教育実践から、同時に見えてきたものもある。それは日本の緊急事態時の教育実践への姿勢である。日本の教育実践への姿勢からは、子どもたちが緊急事態にあっても、いまこの瞬間も成長、発達し、それが未来につながっているという動態的な視点を持ってなされているようには見えなかった。むしろコロナ禍の今をどう凌ぐのかということに焦点化した実践展開であったように思う。

二点目は、緊急事態においては、複数言語環境で育つ子どもへの「ことばの教育」支援が見落とされるということである。オーストラリアでは、緊急事態という状況にあっても、子どもの学びをとめない教育実践が展開された。その一方で、複数言語環境で育つ子どもへの「ことばの教育」支援は見落とされていた。その背景には、緊急事態時には、ローカルの大人でさえ戸惑ったり混乱したりするような中で、複数言語環境で育つ子どもが支援要請を言語化するこ

と自体が難しいという現実がある。それは子どものみならず、その親も然りである。それに加えて、移動が厳しく制限されている状況では、助けを求めて物理的に動くこともできない。ゆえに複数言語環境で育つ子どもには、とりわけＥＡＬでの「ことばの学び」を通して、積極的に在籍学級と学校文脈、場合によっては社会的な支援を提供する行政機関に結びつけていくような支援が必要である。宮崎里司（二〇一六）は、「持続可能でグローバルな多文化共生移民社会の構築」（三十六頁）には、「アウトリーチ型」（三十六頁）の支援が必要だと述べ、日本語教育支援としての「アウトリーチ型」の支援展開を提唱している。「アウトリーチ」とは、「外へ（out）手を差し伸べる（reach）」（三十八頁）という意味であり、アウトリーチ支援は、主に医療福祉の分野で展開され、支援の行き届かない人に専門家や行政機関などが積極的に動き、訪問という形で支援を行うことを指す。宮崎（二〇一六）は、その考え方をもとに、日本語教育においても「支援の行き届かない、また、人間の尊厳が担保され、働き甲斐のある人間らしい仕事（ディーセント・ワーク：decent work）に就けず、自発的な支援要請の声を上げることの少ない外国人定住者」（三十六頁）には、「出向く形で訪問するアプローチで問題を解決」（三十八頁）するという「アウトリーチ型」（三十六頁）の支援が必要だと主張する。さらに、その「アウトリーチ型」の日本語教育支援は、支援を受ける側だけではなく、支援を提供する側にも「アクター（行為主体者）として働きかける役割参加が、市民としてのエンパワメントや市民リテラシーの醸成につながる」（三十六頁）と述べている。宮崎のこの「アウトリーチ型」の日本語教育支援になぞらえれば、コロナ禍のオーストラリアでのわたしたち親子の困りごとには、まさにこの「アウトリーチ型」の教育支援が必要だっただろう。特に緊急事態においては、そういった支援が当事者と学校文脈、社会的な文脈を結びつけ、当事者の「生」に直結するような「ライフライン」としてのセーフティネットの役割を果たすからである。この場合、そのキーパーソンとなるのがＥＡＬ教師であろう。

三点目は、複数言語環境に生きる子どもの背景にある「複数言語」が見落とされたことが挙げられる。「複数言語」が見落とされるということは、我が家も含めてＥＡＬの子どもたちとその親は支援のない状態に陥ることを意味した。その先には、二点目でも指摘したように、「ことばの教育」支援が見落とされていくことにつながっていくのである。このような複数言語環境に生きる子どもの生を捉えるために、川上郁雄は「移動する子ども」（二〇二一、五頁）という分析概念を提唱している。「移動する子ども」とは、「幼少期より①空間、②言語間、③言語教育カテゴリー間（つまり、言語学習場面間）を移動しながら成長した子ども」（川上編、二〇一三、三十一頁）を指す。そして、そのような「移動経験」とそこに形成される「記憶」を『今、ここ』の日常的移動の横軸と、『あの時そしてこれから』という過去と未来を繋ぐ個人史的移動の縦軸」（川上、二〇二一、五頁）から見ていこうとする分析概念である。その分析概念を踏まえた上で、川上ら（川上・三宅・岩﨑編、二〇一八）は、複数言語環境に生き、「移動を常態」（二六九頁）とする人の生き方やかれらを巡る社会のあり方を考えるには、「移動」と「ことば」という「バイフォーカル（bifocal）」（八頁）な視点が欠かせないと主張する。さらに、そういった人々と向き合う時に極めて重要なのが、かれらを『定住者』の視点」（以下、「定住者の視点」とする、八頁）から捉えるのではなく、かれらの「移動を常態」として捉える「移動」の視点、つまり『動く』視点」（以下、「動く視点」とする、九頁）から見ていくことが重要だと説明する。ここでいう「定住者の視点」とは、「国籍、出自、出身地、家庭内言語、血統、居住地、エスニシティ等による静態的、均質的、統一的な捉え方で人の生を説明しようとする視点」（八〜九頁）である。わたしたち親子のケースでいえば、わたしたち親子は、担任教師やＥＡＬ教師に「動く視点」からは捉えられていなかった。そのためにわたしたち親子が、緊急事態の中で、日本語と英語、オーストラリアの学校文脈や社会的な文脈を日々行き来しながら、情報を模索し、挑戦したり、失敗したり、それに伴う不安や戸惑いなどさまざまな感情と向き合いながら生きていることが見えなかったのである。ゆえに、とりわけＥＡＬ教師は、在籍学級の子どもたちと同じことをさせていたほうが負担にならないだろうという判断をした。つまり、わたしたち親子は、「定住者の視点」から在籍学級の子どもたちと同様に「均質的、統一的な捉え方」で一括りにしてまなざされていたのである。

オーストラリアは、コロナ禍という緊急事態においても、オンライン授業を展開し、子どもたちの学びをとめないという教育実践を展開してきた。その一方で、複数言語環境に生きる子どもが「複数言語」と共に生を営んでいるという点は見落としていた。その意味は、緊急事態においては、複数言語、複数文化と共に生きることが日常のオーストラリアにあっても、また、そういった背景の子どもたちと日々接しているＥＡＬ教師でさえも、子どもたちの持つ「複数言語」が見えなくなるような状況に陥るということを示している。そして、そのことにより「ことばの教育」支援につながらないという構図が見えてきたのである。

六、経験から立ち上がる「ことばの教育」実践―現地校の場合（二回目のロックダウン）

二〇二一年六月二十五日、ニューサウスウェールズ州政府は、新型コロナウイルスの感染拡大を受け、シドニー大都市圏を含む四都市において「必要不可欠な買い物、医療・介護ケア、屋外での運動（十人以下）、必要不可欠な通勤・通学以外の目的での外出は認め」ないという「外出制限令」を発出した（NSW Government,2021）(9)。事実上の二回目のロックダウンである。このロックダウンは当初二週間の予定で発出され、学校がスクールホリデーに入ったタイミングで始まった。オーストラリアはこれまで新型コロナウイルスの抑え込みに成功していたので、わたしを含め多くの保護者は、ニューサウスウェールズ州の今回のロックダウンも、スクールホリデー明けには解除されるだろうと期待していた。ところがその後も感染拡大は止まらず、結局四か月にも及ぶロックダウンとなってしまったのである。

オーストラリア政府は、感染拡大を食い止めることができなくなってきた現状に鑑み、それまでの厳格な政策により新型コロナウイルスを封じ込める政策から「With Covid」へと大きく方針を変えた。それは七月二日に開催された国家内閣において、ワクチン接種の状況に応じて国家計画を策定し、各段階への移行はワクチン接種の閾値の達成によって判断するというものだった（Australian Government, July 2021 news archive）(10)。

息子の学校からも、スクールホリデーが明ける直前の七月九日、学校長から三学期はオンライン授業で始めるというレターが来た（資料四）。わたしは、一回目のロックダウンの経験からトラウマのような不安感に襲われた。それでも親子で一回目のロックダウンを乗り越えてきたという経験値が小さな自信となり、わたしと息子を支えた。そして再び、わたしたち親子のオンライン授業の生活が始まったのである。

覚悟して臨んだオンライン授業ではあったが、一回目のそれよりも大きく変わったことがある。それは一回目のロックダウンの経験から立ち上がった教育実践である。その実践の一つ目は、動き始めた複数言語環境で育つ子どもの「ことばの学び」への支援である。それは担任教師とＥＡＬ教師からの支援のオファーで始まった。オンライン授業初日の二〇二一年七月十三日の朝、ＥＡＬ教師から今回のオンライン授業への移行にあたり、わたしたち親子に必要な支援とは何か、その支援達成のためにＥＡＬの授業でどのようなことができるのか、そしてお互いにどのように息子の学びを創っていくのかということついて話し合いたいという主旨のメールが来たのである。その結果、通常のＥＡＬでの英語の学びに加え、在籍学級の授業（課題）の個別サポートを受けることになった。このことは、一回目のロックダウン時にわたしが学校側と話し合った内容でもあったが、それが早速活かされた形での実現となった。

二つ目は、学校側の子どもの「個」の事情に配慮した柔軟な教育実践の展開が始まったことである。一回目のロックダウン時も、資料八の最後の段落にあるように、学校側は各家庭でオンライン授業を受けることを強く奨励しつつ、学校閉鎖という形はとっても「Health and Emergency worker」の子ども、あるいは「other families who have no other option but to send children to school.」（学校に送ること以外選択肢のない家庭、（筆者訳））には学校は開放され、完全な学校閉鎖という措置はとっていなかった。当時わたしには、「other families who have no other option but to send children to school.」に、私たち親子の事情がどの程度考慮されるものなのか、そもそもこの対象に値するかどうかも考える余裕が全くなかった。むしろこの措置の対象は、当然「Health and Emergency worker」の子どもが最優先されるべきであろうと捉えていたため、この件で学校に相談しようという考えには至らなかったのである。

ところが、二回目のロックダウン時には、資料五ａに見られるように、学校からの連絡便りに「Week6 Request for On-Campus Learning for Children of Essential Workers」と見出しがつけられ、「essential workers」（以下、エッセンシャルワーカーとする）(11)の子どもは、学校でオンライン授業を受けることができるよう、システム化されたのである。この「エッセンシャルワーカー」についての明確な定義は具体的に示されていないが、わたしは、他州の見解を参考にし、医療従事者や介護職、輸送、金融、食料品店や薬局など日常生活を行う上で欠かせない、必要不可欠な仕事に就いている人々を指すと捉え、ＥＡＬ教師の支援を受けながら息子とオンライン授業の生活を続けていた。丁度その頃、わたしのワクチン接種日が決まったのだが、当時クリニックでは、子どもを連れての接種ができなかった。また接種後に副反応が出た場合、どのように一人でその後の生活に対応するのかも考えなければならなかった。その不安に加え、二回目のロックダウンに入って一か月経った頃には、長引くロックダウンに先が見えず、閉塞的な空間で息子と二人、仕事をしながらオンライン授業に向き合う毎日は、再びわたしの心と身体を壊していくようだった。そこで今回は、早速ジュニアスクールの校長、担任教師、ＥＡＬ教師あてにわたしたち親子の現状を説明し、相談のメールを送った。するとすぐに返信が来て、わたしが教師であり、教師はエッセンシャルワーカーであること、また息子が複数言語環境で成長する子どもであり、オンライン授業で学ぶことに困難を抱えていることに鑑み、学校でオンライン授業を受けることができるようになったのである。もっと早くに相談をすればよかったという後悔もあったが、学校から送られてきた連絡便りに「エッセンシャルワーカー」の明確な定義の記載がなかったため、自身の職種が「エッセンシャルワーカーである」という認識がなかった。その一方で、このシステム化も含めて、学校側の対応の速さに驚かされたことも事実である。資料五ｂと資料八の学校からのレターの文言の違いからもわかるように、二回目のロックダウン時には、「エッセンシャルワーカー」をあえて定義しないことで、人数制限はあるものの、やむを得ない事情を抱え、登校してオンライン授業を受けさせたいとする全ての保護者に門戸を開いたと考えられる。この「個」に配慮したシステム化は、わたしたちのように窮地に追い込まれた親子をどれほど救ってきたかは想像に難くない。

七、コロナ禍のオーストラリアの社会的・教育的な文脈から見えてきたものとは

ここでは、わたしがコロナ禍のオーストラリアで経験した報告をもとに、その背景にあるオーストラリアの社会的及び、教育的な文脈との関係性、そして、ポストコロナの時代において求められる複数言語環境に生きる子どもへの「ことばの教育」実践とは何かを考えてみたい。

まず、緊急事態のオーストラリアで、なぜ〈子どもの学びをとめない〉という教育実践が可能であったかを考える。

一点目は、オーストラリアが移民社会であり、常にグローバルなビジョンをもって、持続可能な社会構築を意識した教育実践が展開されていたことが挙げられる。学校のレターの文言からもわかるように、「our overarching goal has been to continue to provide high quality teaching and learning for all our students」（資料六、第二段落：私たちの包括的な目標は、すべての生徒に質の高い教育と学びを提供し続けることにある（筆者訳））と書かれている。それはつまり、学校側に、緊急事態にあろうがなかろうが、常に子どもたちの未来を見据えて教育実践を行っていこうとする姿勢があるということである。この姿勢は、勤務校も同じであった。その根底には、昨今オーストラリアでも意識的に取り組まれている十七の「持続可能な開発目標」(Sustainable Development Goals、以下、ＳＤＧｓとする)が挙げられる。オーストラリアは、子どもたちの未来を見据え、コロナ禍にあっても、その目標達成の実現に向けて確実に努力を重ねていたといえる。十七のＳＤＧｓは、その実現に向けて二〇一五年に国連サミットで採択された「二〇三〇アジェンダ」の中核を成すものである。特に教育面では、目標四の「すべての人に包摂的かつ公正な質の高い教育を確保」することが謳われ、国レベルでの取り組みが期待されている[12]。資料六にある文言とその取り組みは、まさにその目標四を体現した一つの例だと言える。また勤務校のオンラインで継続した授業への取り組みも、教育省がスピード感を持って、タイムリーに提供し続けたコミュニティランゲージスクール教員向けのバックアップ体制があったがゆえである。

二点目は、オーストラリアが日ごろから学習環境のベースを整備していたことにある。緊急事態であっても、学校側が「質の高い教育と学び」を提供しつつ、〈子どもの学びをとめない〉という教育実践が可能だったのは、オーストラリアの学校文脈において、それを遂行できるだけの学習環境のベースが整っていたからにほかならない。第二言語習得の観点からKawaguchi（二〇二一）は、デジタルテクノロジーの使用が言語教育にとっても、大きな可能性を切り拓くと主張する。さらに、コロナ禍のような緊急事態においては、対面授業からオンライン授業へのスムーズな移行を成功させる重要な要素は、いかにデジタルリソースの準備ができているかどうかにあることを指摘している。

経済協力開発機構（以下、ＯＥＣＤとする）の報告書（二〇二〇）[13]には、新型コロナウイルスによる学校閉鎖期間中のオンライン授業に対して、生徒と学校側にどのくらい準備ができていたかがグラフで示されている。この報告書は二〇二〇年出版だが、二〇一八年のデータに基づいているので、コロナ禍で緊急事態に陥った時点での教育機関のデジタル状況を理解する鍵となる。オーストラリアは「学習に利用できるコンピュータを持っている生徒の割合」が九割以上であるのに対して、日本は六割程度であった。他方、教師側の「デジタル端末を授業に取り入れるために必要な技術的、教育的スキルを持っている」割合は、オーストラリアが約七割であるのに対して、日本はわずか三割程度である。その結果をさらに明示的に表したものが、文部科学省国立教育政策研究所（二〇一八）がまとめた「教室の授業におけるデジタル機器利用率」である[(14)]。この時の結果では、日本はわずか十四パーセントという低さであったのに対して、オーストラリアは四位で七十七・五パーセントあった。この結果は、オーストラリアがコロナ禍以前から、教育面においてオンライン化を推進し、学習環境のベースを整えていたということを示している。実際オーストラリアでは、内陸の過疎地に住み、学校に通うことが難しい子どもも含め、さまざまな背景の子どもの学びを考慮した「遠距離授業」が一九二〇年代から始まっている（柳沢、二〇二〇）[(15)]。そうした経験値もあり、教師も子どもたちもＩＣＴを使った授業に抵抗が少なかったのではないかと考えられる。とはいえ、オーストラリアにおいても、全ての子どもが自宅にコンピュータを持ち、すぐにオンライン授業へと移行できるような恵まれた学習環境にいたかというとそうではなかった。コロナ禍においては、各家庭や学校間の学習環境の不平等が子どものたちの学びに深刻な影響を与えているという指摘もある（Elizabeth Cramsie,2021）[(16)]。

次に、なぜ学校文脈で一回目のロックダウン時の問題点が早急に改善され、新しい実践へとつながっていったのかを考えてみたい。この六年程オーストラリアに住んでみてわかったことは、行政機関であれ、教育機関であれ、何かを使用したり、経験したりした後には、必ずSurvey（アンケート調査）のリンクが送られてきてFeedback（以下、フィードバックとする）が求められる。それはフィードバックをもとに、現行のやり方を改善し、よりよくしていこうという建設的な姿勢があるからである。換言すれば、オーストラリアの教育機関では、教師が生徒の成績評価を行うのと同様に、生徒自身、そしてその保護者もまた、学校についての意見やフィードバックを表明する機会が与えられているということでもある。それは全体的なSurveyだけではなく、個人的なフィードバックも含まれ、常に歓迎された（資料六、七、九の最後の段落を参照）。ＥＡＬ教師の実践が改善されていった経緯や、学校側の「個」に配慮したシステム化は、まさに一回目のロックダウン時の経験並びに保護者や子どもからのフィードバックから生まれた結果であると言えよう。

このように、フィードバックをもとに改善へと導く柔軟な姿勢は、新しい実践を生んだ。すなわち、これまでと同じ実践に留まるのではなく、フィードバックをもとに改善し、改善しながら創っていくという実践である。そうすることで、その過程で生じる問題や矛盾に気づくことができ、新たなステージへとつながっていく。わたしたち親子は、日々急変する政策に翻弄されながらも、学校側のこの動態的で柔軟な「まなざし」（中野、二〇二〇）からの実践展開に、明日もなんとかがんばろうという希望の「まなざし」を育みながら向き合うことができたように思う(17)。

最後に、これまでの考察を踏まえ、ポストコロナの時代に求められる「ことばの教育」実践とは何かを考えてみたい。コロナ禍のような緊急事態の中で、複数言語環境で育つ子どもの「ことばの学び」を育むということは、親の立場としては、そこでの政策にどのように向き合い、既存の枠組みからこぼれがちで周辺化されやすい自身と子どもをどう守り、どう生きるかにつながる「ライフライン」を築くことであった。その過程で鍵となる存在がＥＡＬ教師であり、学校である。とりわけ、学校側がフィードバックをもとに複数言語環境に生きる親子の声に耳を傾け、自ら積極的に且つ柔軟に対応したことは、物理的な訪問支援という形ではないにしろ、まさに見落とされがちで、支援の行き届かないところに手を差し伸べるといった支援の一つであったと解釈できる。しかしながら、ここで特筆すべきことは、どのような支援や教育実践の形であれ、その実践者がどのような「まなざし」を持って支援や教育実践に臨むのかということは、極めて重要な意味を持つということである。これまで述べてきたように、複数言語環境で成長する子どもとその親を静態的に「定住者の視点」からまなざすのか、あるいは「移動を常態」として「動く視点」からまなざすのかでは、わたしたち親子のケースでいえば、「ライフライン」につながるか否かというほど、その対応には雲泥の差を生んだ。わたしが一人の実践者として経験し、肌で強く感じたことは、緊急事態という非日常にあろうがなかろうが、実践者がいかに複数言語環境に生きる子どもとその親の日常を「移動が常態」であるという「動く視点」からまなざし、「ことばの教育」実践を展開できるかどうかにかかっているということだった。

八、おわりに—ポストコロナの時代に求められる「ことばの教育」実践

六年前に「移住」という選択をしたわたしたち親子も、まさか自分たちが移住先のオーストラリアで、人類がかつて経験したことのない緊急事態に巻き込まれることになろうとは、想像すらしなかった。国の政策により、日本に帰ることも家族が来ることも許されず、日々急変するさまざまな制限措置に翻弄された。支援を要請しようにも、人の移動でさえ厳しく制限される中、わたしたち親子は、日々、複数言語とともに様々な文脈の境界を行き来しながら生きるということに否応なく向き合わざるを得なかった。そのことにより、自身の脆弱さを目の当たりにしたり、先も見えず、何度も限界を感じたりした。勿論、わたしたち親子が置かれた状態より、さらに深刻で命の危機にすらある親子は、今この瞬間も全世界に存在する。だからこそ、緊急事態であればなおのこと、複数言語環境に生きる子どもたちとその親にとっての「ことばの学び」は、自身を守り、支えるための「ライフライン」であることを心に留めおきたい。そして、その「ことばの学び」が「ライフライン」につながるかどうかは、当該の実践者が、いかに人や物事や社会を「移動が常態」であるという「動く視点」からまなざすことができるかどうかにかかっている。「動く視点」からの「まなざし」は、オンライン化も含め「できる・できない」という非建設的な発想や議論を生まない。子ども、親、教師という個人レベルから行政、国といった公的機関のレベルに至るまで、常に実践できるよう学習環境を創りながら整え、整えながら創っていくという動態的な実践を生む。他方「定住者の視点」からの「まなざし」は、複数言語環境で成長する子どもの移動に伴う個別性や多様性、不安や矛盾が見えにくいため、現状に留まり固定化された実践を再生産する。それは時として「ライフライン」につながることさえ阻むのである。

現在、わたしはオーストラリアでのコロナ禍の経験を経て、シドニーに住みながら国境を越え、オンライン授業を

通して、日本にある私立高校や定時制高校で「ことばの教育」に携わっている。わたしが受け持つ生徒たちは、海外で生まれ育った、あるいは親の仕事で海外に長く住んだなど多様な背景を持つ。ポストコロナの時代において、子どもの未来を紡ぐ持続可能な社会を構築できるかどうかは、わたしも含めて、実践者がいかに「動く視点」をもって「ことばの教育」実践を展開できるかどうかにある。それゆえにこそ、「動く視点」からの実践は、コロナ禍で徹底的に分断された境界を越え、再び人と人を結びつけながら連帯や協同を生み、育て、未来を切り拓く新しい実践へと紡いでいくに違いない。

注

(1)朝日新聞「コロナ緊急事態終了」(二〇二三年五月五日、朝刊)

(2) Australia Government. "March 2020 news archive". (20 March,2020.)
https://www.australia.gov.au/news-and-updates/march-2020-news-archive

(3)本稿では、Remote and online learning を総称して、オンライン授業とする。

(4)息子の学校は私立校で、学年のセクションがセカンダリー(日本の中学生と高校生)、ジュニア(日本の三年生から六年生)、プレパレートリー(日本の幼稚園年長から二年生)とプレスクール(就学前)に分けられている。

(5)通称キンディーと呼ばれる義務教育課程。日本の幼稚園の年長クラスにあたる年齢から始まる。

(6)「日本語補習」ということばには、抵抗を感じる保護者や教育者も多いため、現地では「土曜校」や「日曜校」とも呼ばれている。

(7)オーストラリアでは、スクールホリデーは州によって異なるが、当時のわたしは、そのことを知らなかった。ビクトリア州では、この年は三月二十八日からであった。

(8)EALとは、English as an Additional Language の略。英語を母語としない人が、今持っている言語に追加するという意味で〈追加言語としての英語〉を指す。ＥＡＬ教師は、その学びを支援するクラスの教師。

（９）Australia Government.‘Greater Sydney COVID-19 restrictions extended’(25 June,2021.)
https: //web. archive. org/web/20210625173307/https://www.nsw.gov.au/media-releases/greater-sydney-covid-19-restrictions- extended

(10) Australia Government.“ July 2021 news archive”. (2 July,2021.)
https://www.australia.gov.au/news-and-updates/july-2021-news-archive

(11) NSW の政府機関は、エッセンシャルワーカーの定義について明確な定義は示していない。

(12) 国際連合広報センター「持続可能な開発目標（ＳＤＧｓ）とは」
https://www.unic.or.jp/activities/economic_social_development/sustainable_development/2030agenda/

(13) 経済協力開発機構「学校閉鎖期間のリモート学習に対する生徒と学校の備え：PISA 調査結果より」『新型コロナウイルス（Covid-19）との闘い　世界の問題解決に向けた取り組み』（二〇二〇年四月三日）
https://read.oecd-ilibrary.org/view/?ref=134_134632-w6k7w3xu0b&title=Learning-remotely-when-schools-close-How-well-are-students-and-schools-prepared-Insights-from-PISA-Vers-Jap

(14) 朝日新聞デジタル &Education「牧歌的なデンマークの徹底的なデジタル教育　日本が学ぶべきは?-」（二〇二〇年五月二十七日）
https://www.asahi.com/and_edu/
国際学力調査（二〇一八）をもとに、文部科学省国立教育政策研究所の資料から作成されたもの。

(15) 柳沢有紀夫『遠距離授業』『自宅学習』先進地で行われていること 豪州『在宅教育事情』（『時事ドットコム』二〇二〇年五月二十二日掲載）
https://www.jiji.com/jc/v4?id=202005coronagek0001

(16) Elizabeth Cramsie.‘Experts fear remote learning during COVID lockdown could widen inequality gap among school students’.（6 Aug.2021.）
https://www.abc.net.au/news/2021-08-06/qld-covid-school-students-home-learning-disadvantaged-lockdown/100345498

(17)「まなざし」（中野、二〇二〇、四十三頁）とは、「見る・見られるという関係性のもとに視線や態度、ことばなど、非言語・

言語行動に現れる認識的枠組み」を指す。中野は、「まなざし」の形成過程を「動態的な認識活動のプロセス」と捉え、「まなざし」論として理論と実践を提唱している。

参考文献

川上郁雄『移動する子ども』学へ向けた視座‐移民の子どもはどのように語られてきたか」（川上郁雄編『「移動する子ども」という記憶と力‐ことばとアイデンティティ』くろしお出版、二〇一三、一～四十二頁）

川上郁雄「なぜ『移動とことば』なのか」（川上郁雄・三宅和子・岩﨑典子編『移動とことば』くろしお出版、二〇一八年、一～十四頁）

川上郁雄『「移動する子ども」からモバイル・ライブズを考える」（川上郁雄・三宅和子・岩﨑典子編『移動とことば』くろしお出版、二〇一八年、二四五～二七一頁）

川上郁雄『「移動する子ども」学』くろしお出版、二〇二一年

中野千野「親として、教師として、子どものことばの学びをどのように支えることができるのか―COVID-19の影響下で変容する日常実践の現場から」（『ジャーナル「移動する子どもたち」―ことばの教育を創発する』11、二〇二〇年 a、六十六～七十九頁） http://gsjal.jp/childforum/journal_11.html

中野千野『複数言語環境で生きる子どものことば育て「まなざし」に注目した実践』早稲田大学出版部、二〇二〇年 b

宮崎里司「持続可能性からとらえた言語教育政策：アウトリーチ型ならびに市民リテラシー型日本語教育支援に向けて」（『早稲田大学日本語教育研究科紀要』第八号、二〇一六年三月、三十六～五十三頁）

Kawaguchi,Satomi.‘Second Language Acquisition and Digital Learning in Asia’. *ASIATIC* Vol.15, No.1 (June 2021.)pp.36-52. https://journals.iium.edu.my/asiatic/index.php/ajell/article/view/2309/1044

資料一　[redacted]は、学校名

16 March 2020

Dear [redacted] Parents and Carers

I am providing an update to our community regarding the reasons behind the decision taken by the Australian Health Protection Principal Committee (AHPPC), NSW Health and NSW Education that schools remain open as the country responds to COVID-19. These are as follows:

- There is no evidence of school-based COVID-19 outbreaks in Australia and community transmission is limited.
- The rate of infection of children is between 0.9 and 1.2% of cases which is the lowest level of infection of all Australians.
- There is no evidence to suggest proactive school closures limit social contact, especially in high school students.
- There is evidence to suggest that proactive school closures are potentially more harmful than good as children interact with the broader population.
- Schools are asked to promote precautionary measures, to postpone camps and group events such as assemblies, and to engage in an open two-way discussion with communities.

Please find a letter from the Chief Health Officer, NSW Health, which provides further information regarding why schools are advised to remain open.

Accordingly, [redacted] is following the advice of experts and will continue to provide lessons at school.

資料二　[redacted]は、学校名

17 March 2020

Dear [redacted] Parents and Carers

As advised, our School is still operating with face to face teaching and learning.

However, this Friday 20 March we will close the Junior and Senior Campuses (Preschool-Year 12) to run a whole school day with remote and online learning. Teachers will be at school to deliver and oversee lessons while students will learn from home.

資料三　[redacted]は、学校名

22 March 2020

Dear [redacted] Parents and Carers

I write to provide you with an important update regarding the Coronavirus COVID-19. As previously communicated, we have been monitoring this situation closely and liaising regularly with NSW government departments and AIS NSW.

As we all know, the information available and the landscape has been changing at a rapid pace, and we have at all times aimed to be adaptable in our approach.

It has become apparent over the weekend that with increasing rates of diagnosis of COVID-19 in NSW, an announcement will soon be made by the NSW government in terms of school campus closures.

Given the current situation and to give our community certainty this evening, please be advised that from Tuesday morning, both our Junior (including [redacted] Preschool) and Senior Campuses will close and we will move to remote learning from Wednesday 25 March until further notice.

資料四　[redacted]は、学校名

9 July 2021

Dear [redacted] Parents and Carers

Yesterday afternoon I attended an online briefing by the Executive Director, COVID-19 Response, NSW Health, Dr Michelle Cretikos, to all Independent School Heads. The importance of adhering to the current restrictions in place during this lockdown period, and the need to minimise the movement of people, was emphasised in NSW Health's quest to control and curtail the current spread of COVID-19 in Greater Sydney.

This briefing reinforced our plans for the start of term, and we are writing to provide further details regarding the Remote Learning period for the first four days of Term 3, from Tuesday 13 to Friday 16 July inclusive.

Remote Learning
Remote Learning will be in place for the whole School, from Preschool to Year 12. Students will be able to access their learning via the following platforms:

- Secondary School: iLearn
- Junior School: Google Classroom
- Preparatory School: SeeSaw
- Preschool/Transition: Storypark

資料五（二回目のロックダウン）
a) 学校からのお知らせ『Note Day』（Issue 24）より

Week 6 Request for On-Campus Learning for Children of Essential Workers

Parents who are essential workers can lodge a request for on campus learning support for the week of 16-20 August. Booking requests close again at 8pm on Friday 13 August to allow sufficient time for staffing to be organised based on the numbers.

Please click for Week 6 request: **Junior Campus booking**

Please be reminded that any student's attendance is dependent upon their health. Students must be kept at home if they show any signs of an elevated temperature or a cold. Any student who presents at school with even the mildest symptoms of COVID- 19 will be sent home and not permitted to return before a negative COVID-19 test result and are symptom free. Students must also not attend if they have been identified by NSW Health as either a casual or close contact of a confirmed case.

b) 学校長からのレター（二〇二一年十月一日）

Children of Essential Workers
As outlined previously, students of essential workers only will have the opportunity to be supervised on campus during this period remote learning. With our class teachers working from home, these students will follow the same learning that students will do remotely from home and be supervised in the Arnold Library.

Parents of students wishing to be considered for on-campus supervision are asked to submit the online request form below for Week 1 of Term 4 using the link HERE.

資料六（一回目のロックダウン）学校長からのレター[redacted]は、学校名または個人名

1 April 2020

Dear [redacted] Parents and Carers

I am writing to touch base with you after a week of remote learning by our students and teachers and to advise our plans for the end of Term 1 and beginning of Term 2.

While we have transitioned to a remote and online learning environment, our overarching goal has been to continue to provide high quality teaching and learning for all our students and I have been inspired by the creative ways our teachers and students have adapted in these new and challenging times.

Our teachers have been working hard to continue to engage students in their learning and the initial feedback received from parents is that students have demonstrated both commitment and resilience in their remote studies, while also developing their independent learning skills.

This week we have held very productive Secondary School Parent Zoom Meetings and we are planning P-6 Parent Zoom Meetings at the start of next week. Mr [redacted] will be providing more details about these to parents in the coming days.

Our approach to the end of this term and the beginning of next term will enable our teachers to further refine their teaching and learning practice and their preparations for next term, when remote learning is expected to continue:

1. Friday 3 April - Feedback Survey
At the end of this week we will be seeking further feedback from students, staff and parents via a short survey, following nearly two weeks of remote learning and today's Secondary School Independent Learning Day. We are most appreciative of the feedback provided from parents to date and thank you in advance for continuing to share your views.

資料七 [redacted]は、学校名
（二〇二〇年四月一日　学校長からのレターの最後の段落）

We thank you for your continued support, especially for the very positive messages regarding our remote learning program, which have been shared with and very much appreciated by all of our teachers and support staff.

In times such as these we give thanks for the strength of our [redacted] community and we will continue to work in partnership with parents to make the remote learning [redacted] as positive and enriching for students as possible.

Yours sincerely

資料八　[redacted]は、学校名
（二〇二〇年四月二十一日 学校長からのレターの最後の段落）

Tuesday 21 April 2020

Dear [redacted] Parents and Carers

We hope all [redacted] families have enjoyed the Easter break and that the term break has provided the opportunity for some recharging and renewal.

It has been pleasing to note the recent reduction in daily cases of COVID-19 across the country and here in NSW. This has given the NSW Premier the confidence this morning to announce some key principles for the staggered reintroduction of broader on-campus learning from Week 3 this term.

We are continuing to work with our teachers, support staff, parents and students, and with consideration of the most recent and relevant advice, to plan carefully to minimise the risk of COVID-19 transmission. Whilst we will be starting Term 2 with remote learning, as we did for the last eight days of Term 1, we will be planning for the managed return of students on-campus, in line with the advice from the Australian Health Protection Principal Committee (AHPPC), the State Government and the Association of Independent Schools NSW. The health and safety of all members of our community remains a crucial consideration in our planning process.

Remote Learning arrangements will recommence on Tuesday 28 April 2020. The School campus will remain open, as it did through to the end of Term 1, for the children of Health and Emergency Services workers or other families who have no other option but to send children to school. If your family is in this situation would you please let us know at your earliest convenience via feedback@[redacted]

資料九　[redacted]は、学校名または個人名
（二〇二〇年三月二十日　学校長からのレター後半部分

This weekend when the campus is closed for two days, as advised in Note Day yesterday, the School will be undergoing a thorough deep clean including a 100% sanitising fogging treatment.

We will continue to work closely with NSW Health to protect the health and safety of all students and staff whilst keeping the School operational.

I extend sincere thanks to all parents and carers for your support of our remote learning day today. This will enable important feedback to be gathered to help refine our remote learning processes and to inform our preparations for the future.

We will be surveying students and staff about today's program and would also very much appreciate feedback from parents and carers through the following survey link: [redacted] Feedback (Remote Learning).

It was a pleasure to walk around the School today and see the enthusiasm staff had for their online lessons and the creative way the technology was being utilised. I even had the opportunity to check in on a Year 12 Tutor group with Mr [redacted]

Please continue to monitor your email for updates from the School, and refer to our COVID-19 page which remains the central source of information about changes to School activities and helpful resources for parents.

サステナブル・ツーリズムと危機言語の維持・復興への可能性
―カルークアボリジナル文化ツアーの事例から

加藤好崇

一、はじめに

二〇一五年九月の国連総会において「持続可能な開発のための２０３０アジェンダ」が採択されて以来、ＳＤＧｓ一七目標のうち、どれに該当する活動を実践しているかを謳う団体・組織が目立つようになった。この社会的潮流は観光の世界においても同様である。オンラインで宿泊予約を行う大手企業ブッキングドットコムが行った旅行者に対するアンケート調査[1]（二〇二二年六月調査）によると、旅行者の八一％は「サステナブルな旅は自身にとって重要である」と回答し、七一％の旅行者は「今後一年間において、よりサステナブルな旅を心がけたい」と回答している。日本の旅行者に限っていうと、それぞれ七三％、四六％とそれほど多くはないが、今後、徐々に世界水準に近づいていくと思われる。

また、旅行者側だけではなく、観光事業者側にも同様の傾向が見られる。近年、「インバウンドサミット」[2]と題する大規模なオンライン会議が年一回開催されているが、この会議でも「サステナブル」に関連することばをキーワードとしたブースは必ず設けられている。

さらに行政においても観光庁とＵＮＷＴＯ駐日事務所が二〇二〇年に「日本版持続可能な観光ガイド（ＪＳＴＳ―

D」[3]を公表している。このガイドラインにはサステナブルな観光の目的や取組例が挙げられており、特にコロナ後のこれからの社会では主要な旅行形態となって行くと思われる。しかし、ここには本稿で対象とする「言語」に関わる記述は見られない。この新しい旅行形態である「サステナブル・ツーリズム」と「言語」に関連性はないのであろうか。

現在、世界には約二五〇〇の危機言語があるとされている（Atlas of the World's Languages Danger 第三版）。これらの言語の維持・復興を「サステナブル・ツーリズム」の枠組みで実現可能かどうかの検討が本稿の目的である（図1の中央）。本稿では特にオーストラリアのアボリジニ及びトレス海峡諸島の先住民族の言語と先住民族主催ツアーに焦点を置いて考察する。

以下、一章では「サステナブル・ツーリズム」と「言語」の関わりについて検討し、二章ではツーリズと危機言語の維持・復興に関する先行研究にあたる。また同時に、一章と二章の内容から危機言語の維持・復興に必要と思われるツーリズムの四つの条件について考察する。第三章では、オーストラリアの先住民族に焦点を絞り、上記の四条件に照らし合わせてさらに検討する。なお、この章では特にノーザンテリトリーの先住民族によるツアー「カルークアボリジナル文化ツアー」を事例として、ネット上で公開されている州政府の資料、本ツアーのホームページなどからの情報、ゲストの口コミデータを用いながら考察を行なっていく。

二、サステナブル・ツーリズムと言語

Smith（1989）はツーリズムを文化ツーリズムと自然ツーリズムに大きく分類し、前者には歴史ツーリズム、後者にはエコ・ツーリズムと環境ツーリズム、そして前者と後者の両方にまたがるものとしてエスニック・ツーリズムを挙げている。一見するとサステナブルと感じる分野もあるが、ＳＤＧｓが採択される以前の分類なので基本的には異なっている。

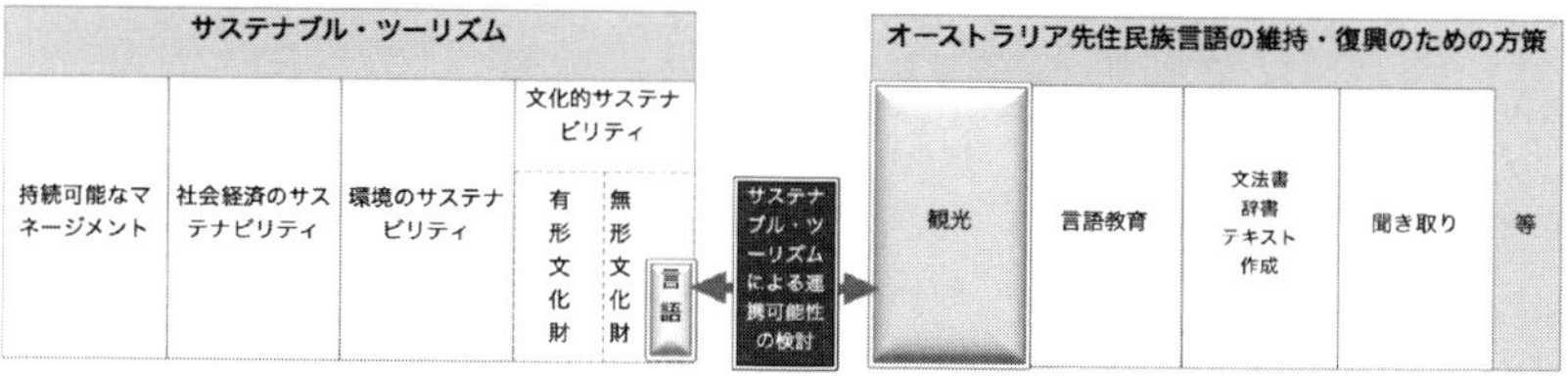

図1　サステナブル・ツーリズムと危機言語の維持・復興の連携と本稿の目的

これまでのツーリズムのあり方だと人気があればあるほどオーバーツーリズム(4)を招くことになり、ホスト社会の一部には経済的利益があっても、全体的には環境的、社会的に負の側面が大きくなってしまう。一方、サステナブル・ツーリズムの場合は、よりホスト社会を重視し、環境、社会、経済のすべてにおいてホスト社会への還元を第一義としている。

UNWTOによるサステナブル・ツーリズムの定義(5)をごく簡潔にまとめると以下のようになるだろう。

・観光の発展において欠かせない環境資源を適切に利用していくツーリズム
・ホスト社会の社会文化的真正性（オーセンティシティ）を尊重するツーリズム
・地域のステイクホルダーの社会経済的利益につながる長期運営を保証するツーリズム

このUNWTOの定義にも、また、「はじめに」で述べた「日本版持続可能な観光ガイドライン」にも「言語」に関する直接の言及はない。しかし、ガイドラインの方には「言語」との関連性を見いだすことはできる。

このガイドラインには四つの目標「持続可能なマネージメント」「社会経済のサステナビリティ」「文化的サステナビリティ」「環境のサステナビリティ」が設定されている（図1参照）。このうち「文化的サステナビリティ」は有形文化遺産と無形文化遺産の二つに分けられているが、ユネスコの定義(6)によれば、無形文化遺産には「ことわざ」「なぞなぞ」「子守歌」「伝説」などの「口承」も含まれる。したがって、「口承」の媒体となるホスト社会の「言語」も固有の文化に根ざすものとして無形文化遺産の一つと見なすことができよう（Lonardi 2022）。

さらにサステナブル・ツーリズムは、ホスト社会そのものが重視されるツーリズムなので、究極的にはホストとゲストの人間関係にも影響が及んでくる。通常、ホストとゲストの関係性は、ホストが下でゲストが上という非対称性（Nunez & Lett1989）が前提となっている。例えば、加藤（2020）は日本におけるインバウンド環境では、このホストとゲストの力関係が、下の立場であるホストの言語を使ってはいけないという言語選択規範につながっていることを指摘している。しかし、今後サステナブル・ツーリズムの考え方が浸透することによって、ホスト言語の優位性増大につながれば、ホスト社会の危機言語が観光に不可欠な要因となる可能性がある。

三、ツーリズムと危機言語に関わる先行研究

サステナブル・ツーリズムと危機言語の関係を直接調査したものは、管見の限りないが、サステナブルと限定されない他のツーリズムの形態で、現地を訪れる旅行者が、ホスト社会の危機言語とどのように関わるかに関する研究はある。

Lonardi & Unterpertinger (2022) はイタリア南チロルの危機言語であるラディン語コミュニティを訪れるドイツ語母語話者とイタリア語母語話者に半構造化インタビューを行い、旅行中のラディン語接触に関する意識を明らかにしようとした。その結果、旅行者はラディン語が含まれる何らかの体験をすることによって、ラディン語に興味を持つようになるとしている。またラディン語の存在がその地域を特徴付け、文化の特殊性を際立たせる効果があるとしている。しかし、反対に事前の教育的取り組みや、翻訳・通訳がなければその経験が否定的に感じられてしまうとも述べている。このことはそもそも調査対象となった旅行者が特にサステナブルを意識した旅行者ではなかったことも一つの原因と言える。

また、Lonardi（2020）は、イタリアのルゼルナとジャッツアの地で、キンブリ語の保持に観光がどのように関わっているかを、両地域の観光現場で働くキンブリ語話者に対するインタビュー調査から明らかにしようとした。その結果、ルゼルナのようにそもそも住民の多くにキンブリ語が使用され、学校でキンブリ語教育が行われている場合は、ツーリズムが間接的にマイノリティ言語の保持に貢献できるが、ジャッツアのように公的機関による言語保持のため

の教育がなされていない地域では、その効果はあまり発揮されないとしている。

その他、Kelly-Holmes & Pietikainen（2014）は、フィンランドのサーミ人の暮らしを知ることができるレインディアファームの調査から、サーミ人の文化や言語の商品化について考察をおこない、ファームを経営していく上で生じる、いくつかの社会言語的問題を報告している。まず、ツアーにおいては旅行者に理解可能な言語で話さなければならず、そのためツアーのホストは必ずしもサーミ人の文化に精通している者とはならないとしている。また、ツアー中に生じる談話形式が、一方通行の情報提供型となり、ホストとゲストの関係性は一時的・表面的なものになってしまう点も指摘されている。その他、旅行者へはサーミ人の文化や言語を省略・簡略化して説明する必要があるため、サーミ人の誇りを傷つける可能性があることにも言及されている。

また、危機言語の研究ではないが、加藤（2019）はホスト社会（日本）の言語が観光場面で持つ機能の多様性に着目している。すなわちコミュニケーションの媒体としての機能の他、日本に来たことを感じさせるための象徴機能、モノではなく言葉のお土産としてのお土産機能、英語が苦手な日本人にとってコミュニケーションの壁を低くするコミュニケーション点火機能、お互いの距離を縮めるポジティブ・ポライトネス化機能が挙げられるとしている。このことは先住民族の言語を観光場面で使用する場合、機能の多様性を考慮に入れた対策の必要性を感じさせる。

一章とこの二章の内容から、ツーリズムが先住民族の危機言語の維持・復興に貢献するためには少なくとも以下の四点が必要だと思われる。

一．ホストの自主性：ホストである先住民族が自文化・自言語に誇りを持ち、その維持・復興への意識が高い状態であり、ツアーの実施主体が先住民族であること。

二．ゲストのサステナビリティへの意識：ゲストである旅行者側がサステナブル・ツーリズムに対する意識が高く、ホスト社会の文化・言語に対して強い関心があること。

三．ホストとゲストのインターアクション調整：先住民族の自尊心や文化の真正性を大きく損なわない適度な文化的・社会言語的・言語的調整が必要であること。調整行動としてはゲスト・ホスト間の双方向的談話の実現、ゲストとホスト双方による学習活動、翻訳や通訳などの事前調整、などが挙げられる。

四．観光資源としての言語の活用：コミュニケーション以外の言語の機能を意識し、観光資源として言語の活用を工夫していくこと。

次章では、本稿で考察対象とするオーストラリア先住民族の言語と、ツーリズムとの関わりについて見てみる。

四、オーストラリア先住民族の言語とツーリズム

オーストラリアは自国の先住民族に対して二〇〇八年に公式謝罪するなど、先住民族に対する理解が比較的進んでおり、その言語の維持・復興の試みも活発な国である。こういった状況の中で、ツーリズムが先住民族の言語の維持・復興に何らかの役割を果たしている可能性がある。

二〇二一年の調査(7)によると、オーストラリア全人口の三・二%にあたる八一万二七二八人が先住民族であるアボリジナル及びトレス海峡諸島民を先祖に持つとされている。また、そのうち七万六九七八人が一六七の先住民族の言語を家庭で使用しているという。しかし、先住民族の言語はもともと二〇〇種以上あったとされ、現在はその多くが危機的状況にあるとされる（濱嶋 2017、河崎・千家 2020）。

ただし、**Atlas of the World's Languages in Danger**（第三版）によると、一九九六年の初版時と比べ、現在の危機的状況は以前より緩和されているようである。近年ではニューサウスウェールズ州で先住民族の言語の保護を目的とする**Aboriginal Language Act 2017** の制定や、南オーストラリアのガーナ語復興に関わる活動（**Amery 2014**）、ノーザンテリトリーにおけるバイリンガル教育（濱嶋 **2017**）など先住民族の言語の維持・復興へ向けた活動が積極的に行われている。

ツーリズムと先住民族の関係については、二〇一二年三月、ダーウィンにおいて「先住民族ツーリズムの発展のためのララキヤ宣言」が、世界先住民族ツーリズム連盟(8)によって宣言されている。これは世界の先住民族の社会的、

経済的、政治的な周辺化や不利益の改善、固有の文化の維持や保護を、ツーリズムを通して改善していこうとするものである。この宣言をもとにノーザンテリトリーではアボリジナル・ツーリズムに関わる方針「ノーザンテリトリー・アボリジナル・ツーリズム・ストラテジー 2020-2030」(9)（以下、NTATS）が公表されている。こういった指針は他州でも作られているが、本稿では先住民族の人口が全体の三〇・八％とオーストラリアで最も高いノーザンテリトリーに注目する。そして、五章ではNTATSの考察から行政レベルについて、六章では「カルークアボリジナル文化ツアー」という先住民族が主催する実際のツアーを好事例として組織・団体レベル及び談話レベルについての分析を行う。

考察にあたっては、前章で挙げたツーリズムが危機言語の維持・復興に必要と思われる「ホストの自主性」「ゲストのサステナビリティへの意識」「ホストとゲストのインターアクション調整」「観光資源としての言語の活用」の四つの条件から分析を行う。

五、「ノーザンテリトリー・アボリジナル・ツーリズム・ストラテジー 2020-2030」（NTATS）から見るアボリジナル・ツーリズムと言語

NTATSによると、「ウルルとカタ・ジュタ国立公園」「カカドゥ国立公園」の二つの世界遺産を有するノーザンテリトリーには、一〇〇以上の先住民族の言語が今も話されているという。さらに本州には一〇〇のアボリジナル・ツーリズム関連ビジネスがあるとされ、そのうち先住民族が所有するビジネスも、割合としては五〇％以下ではあるものの、存在しているとされている。

NTATSは、ノーザンテリトリーのアボリジニナル・ツーリズムが二〇二〇年から二〇三〇年の十年間で目指すべき指針を提示している。それは、① **Living Culture** ② **Living Communities** ③ **Living Lives** ④ **Living Landscapes** ⑤ **Living Interaction** の五つにまとめられている。以下、この五つの指針と、ツーリズムが危機言語の維持・復興に必要

と思われる四つの条件との関連性から考察する。

まず、「ホストの自主性」については、②Living Communitiesが関係している。この項目には地域のリーダーシップの育成、観光ビジネスへの経済、運営、教育の各面でのサポートという目標が設定されている。この目標は先住民族の生活そのものの改善も視野に入れているものであり、後で検討するカルークアボリジナル文化ツアーもこういった行政の支援から始まったビジネスの一つである。このようにＮＴＡＴＳはホストの自主性を促すものと言えよう。

次に、「ゲストのサステナビリティへの意識」についてはどうであろうか。これに関してはＮＴＡＴＳでは特に言及されていない。このことはＮＴＡＴＳがそもそもホスト側の行動指針を対象としているためであるが、その序文にはサステナブルなアボリジナル・ツーリズムが観光産業の発展に繋がるという文言があり、ホスト・ゲストを問わずサステナブル・ツーリズム自体が大前提となっていると言える。

ちなみに日本の代表的な観光地京都では、ゲスト側にサステナビリティの意識化を促す「京都市観光行動基準（京都観光モラル）」が策定されている。ただし、実際にどれほど影響力があるかは未知数であり、基本的には学校教育が重要となろう。

三番目の「ホストとゲストのインタアーアクション調整」も直接関連する記述はないが、⑤Living Interactionの中に間接的な関わりを見て取ることができる。本稿における「インターアクション調整」とは、危機言語の維持・復興に資するように談話レベルのインターアクション問題を調整するということであり、調整されるべき問題の存在が前提となる。その問題とは、例えば三章のレインディアファームにおける一方向的なコミュニケーションのあり方や、通訳・翻訳がないラディン語使用などである。ＮＴＡＴＳの⑤Living Interactionにはこういった問題の存在を科学的に検証しようというストラテジーがあり、このような問題分析の過程で、インターアクションの実態と調整されるべき問題がより明確になるかもしれない。

最後の「観光資源としての言語の活用」は、ＮＴＡＴＳの①Living Cultureのストラテジーの一つである質の高い経験、商品、サービスといった観光製品の開発と関わっているだろう。しかし、具体的にどのような観光商品を開発するかまでは触れられていない。

言語を活用するとしても、必ずしも商品として考える必要はない。「言葉のお土産」という場合、モノとしてよりもむしろ記憶に残るコトとして捉えた方が良い。以前、京都の複数のタクシー運転手から外国人は「おおきに」という言葉をよく覚えていると聞いたことがある。京都の宿泊施設でしばしばチェックアウトの際に「おおきに、ありがとうございました」という方言と共通語を並列させた発話を耳にするが、こういった発話の繰り返しは自然に記憶に残り、日本旅行の言葉のお土産となる。言語は対価の伴うサービスの対象としてではなく、対価を伴わないホスピタリティの対象として扱った方が良いであろう。

次節ではノーザンテリトリーで実際に州政府の支援を受けて実施されているツアー「カルークアボリジナル文化ツアー」の例を取り上げ、組織・団体レベル及び談話レベルからツーリズムと言語との関わりについて考察する。

六、「カルークアボリジナル文化ツアー」から見るアボリジナル・ツーリズムと言語

分析対象とするツアーの選定にあたっては、先住民族主催であること、ゲスト及び観光関連団体から高い評価を得ていることを条件とした。カルークアボリジナル文化ツアーは二人の先住民族によって所有・運営されており、二〇一八年にはブロルガノーザンテリトリーツーリズム賞[10]のウィナー[11]となっている。また、トリップアドバイザーの口コミ評価でも五・〇の高評価を得ているツアーであり、この条件に合致していた。このツアーのゲストが必ずしもサステナブルツーリズムを意識しているとは限らないが、ツアーの性格やゲスト数から考えてオーバーツーリズムを招くものではなく、本稿の目的に示唆を与えてくれるツアーと考えられる。

本ツアーの分析には、ノーザンテリトリー政府観光局とノーザンテリトリー政府によって作成された「カルークアボリジナル文化ツアー・ケーススタディ」(以下、「ケーススタディ」)、本ツアーホームページ「アボリジナル文化体験&ツアー」[12]、そして、トリップアドバイザーに掲載されている英語の口コミ四八件[13](二〇一九年六月〜

二〇二二年一〇月九日）を利用する。筆者は実際にこのツアーに参加していないため、具体的なツアーでのインターアクションはゲストの口コミ内容をもとに判断する。なお、本節でも四章同様に、「ホストの自主性」「ゲストのサステナビリティへの意識」「ホストとゲストのインターアクション調整」「観光資源としての言語の活用」の四条件との関連性から考察する。

カルークアボリジナル文化ツアーの「カルーク」とはアランダ語でニワシドリの一種であるという。このツアーは人口十人のワンマラ[14]というアボリジナルコミュニティで暮らすピーターとクリスティーンの二人の先住民族によって所有・運営されている。このツアー（代金九九オーストラリアドル）では一時間の散策の間に、ルリジャやペルタメ（南アランダ）の人々によって使われるブッシュタッカーやブッシュ薬草の話を聞いたり、様々な文化体験をする。

「ケーススタディ」によると、彼らのビジネスは二〇一〇年に資金援助を受け始め、当初はブッシュトマトの栽培を行っていたが、後に近隣を訪れる観光客を対象とした観光ビジネスに方向転換している。ビジネスが大きな伸びを示したのは二〇一六年で、東アジアからのインバウンド客の増加や小型トラックの会社を雇うなどの積極的な運営の中で、その年は一二九三人の観光客が訪れたという。

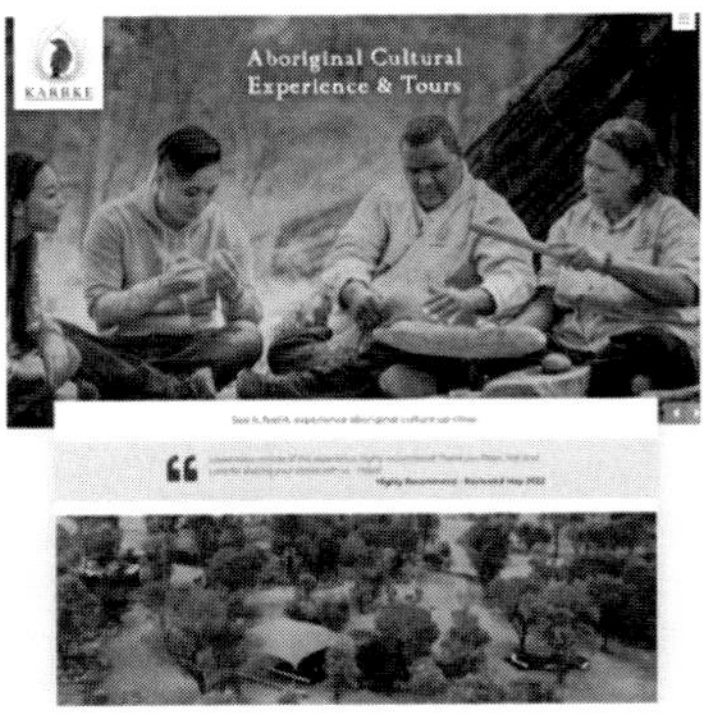

写真１　カルークアボリジナル文化ツアーのHP

まず、本ツアーにおける「ホストの自主性」について考える。「ケーススタディ」を見ると、そもそもこのツアーへの援助は辺境で暮らす先住民族に自らの手でビジネスを所有・運営を促す州の政策に基づくものであることから、元来自主性は担保されているものと判断できよう。

ツアーのホームページには、ピーターとクリスティーンが、彼らの言語であるペルタメ（南アランダ）語とルリジャ語、そして彼らの文化の知識や伝統が将来忘れ去られることなく、若い世代に引き継がれていくことがツアーの目的の一つだとしており、自分たちの言語や文化に対する誇り、その保持に対する意識が強く見られる。ゲストの口コミの中にもpride（二回）、proud（二回）、passion（三回）という単語がホストを特徴付ける言葉として現れ、「ツアーのホストが、自分たちの文化や知識を説明することに誇りを持っている」などのコメントもあった（日本語訳は筆者、以下同様）。こういった誇りはホストの自主性を一層促進させるものであろう。

次に「ゲストのサステナビリティの意識」について考える。ゲストの口コミの中にtraditional（二一回）、authentic（一五回）、genuine（一〇回）など、先住民族の文化の真正性を重視しているコメントが多く見られた。また、educational（九回）、learnt（十四回）など文化の学習経験を示す言葉もあり、ゲストの多くが先住民族の文化の真正性とその学習経験を肯定的に評価している。このことはサステナビリティにつながる意識の基盤になろう。

また、ホスト‐ゲスト間の親密さ表す言葉としてwelcoming（十四回）、warm（九回）、friendly（八回）、hospitality（三回）といった単語が見られていることから、人間関係のポジティブ・ポライトネス化が、先住民族に対する関心を引き起こし、さらにはサステナビリティへの意識化につながる可能性も指摘できる。

ただし、sustainableやその同義語は一つも現れておらず、一過性の意識であるとも考えられ、やはり先述のように学校教育の中での子供の頃からの意識形成が必要であろう。

三番目に「ホストとゲストのインターアクション調整」についてはどうであろうか。まず、本ツアーのインターアクションの双方向性に関しては下のようなコメントがあった。「先住民族の知識や行動を共有するために相互交流的なアプローチをとっていた」「彼らは相互交流が好きで、意味深い答えを与えてくれた」「彼らは私たちの質問を歓迎し、いろいろな方法で私たちを教育してくれた」などである。同様のコメントは十四あり、インターアクションが双方向的に調整されていたことが分かる。この双方向性は先述したポジティブ・ポライトネス化にも結びつくものと言える。

また、インターアクションで使用される言語コードに関しての言及もある。例えば、「伝統的なルリジャ語で聞いてから英語で通訳してもらって聞くのは非常に豊かで多面的な経験だった」「彼らは知的で、英語と複数の先住民族の言語を話す」などであり、こういったコードスイッチが肯定的に評価されていたこともコメントから分かる。このように先住民族自身が自らの文化をリンガフランカである英語を使って説明しているので、内容的に簡略化があったとしても自分達の誇りを減じるようなことも少ないだろう。

最後に「観光資源としての言語の活用」について考える。具体的な活用方法は確認できなかったものの、左の口コミからはおそらく他の有形・無形文化財の説明と並列させ、対訳として言語が提示されているように見える。「ピーターとクリスティーンは我々小グループを、ワンマラとリラのコミュニティの言語、文化、伝統、食べ物への素晴らしい入り口へといざなってくれた」「私はとりわけルリジャ語と南アランダ語を聞くのを楽しみ、また文化をより多く学ぶことを楽しんだ」などとあり、言語がツアー内で一つの展示物としての役割を担っているように感じる。

また、ツアー中に覚えられた単語なのか、ツアー参加以前から知っていた単語なのかは判断できないが、コメントには「palya (good)」という単語が六回使用されていた。これらは京都を訪問する外国人客が「おおきに」を覚えるのと同様に、アボリジナルツーリズムを楽しむための言葉のお土産として機能しているように思われる。このことから、本ツアーにおける言語の活用の仕方はそれほど多様ではないものの、一時間という短い間で彼らの言語が観光資源として機能していたことは確かであろう。しかし、これ以外にどのような言葉が話されていたかは、口コミからだけでは分からなかった。

七、結論と今後の展望

本稿ではコロナ後のサステナブル・ツーリズが危機言語の維持・復興に及ぼす可能性について、ノーザンテリトリーのＮＴＡＴＳや、同じくノーザンテリトリーのカルークアボリジナル文化ツアーに焦点を当てて分析した。本ツアーでもコロナ禍の時期においては口コミ数が少なくなっており、経営状況が悪化していたことが推察される。しかし、こういった予測不可能な出来事を除けば、将来のサステナブル・ツーリズムに向けて本ツアーの分析が何らかの示唆を与えられるかもしれない。

以下から、先住民族の言語の維持・復興に必要なツーリズムの四つの条件を基礎にしながらまとめを行う。

まず、「ホストの自主性」に関しては、州政府などによる資金面、教育面の援助があれば、ホストである先住民族の自主性を導く可能性が高いと判断できる。しかし、辺境の地にあるアボリジナルコミュニティへの道路の整備やICTなどのインフラ整備のための十分な資金が提供されているのかまでは分からなかった。また、教育支援といっても観光経営のための分野は多岐にわたると思われる。なによりもアボリジナル・コミュニティ全員の賛同がツアー開始にあたって容易に得られるものなのか、また、実際の運営にあたって先住民族の希望が本当に反映されるものなのかなどの懸念はある。

とはいえ、本稿の参考とした資料からは行政からの援助は奏功しており、また、ホスト自身の自主性も高く、同時に彼らの文化や言語を維持していこうという意識も強かった。このようにノーザンテリトリーにおける取り組みは、「ホストの自主性」達成に関して、参考にすることができる取り組みであろうと評価できる。

次に「ゲストのサステナビリティへの意識」についてはどうか。この点についてはNTATSやケーススタディからは、ホストや行政側にはその意識の高さが窺えたが、ゲストの意識までは判断できなかった。しかし、本ツアーの口コミ内容を見ると、文化の真正性とその学習経験が肯定的に評価されており、さらにホストとの距離の縮小からサステナビリティへの意識が促進される可能性が見て取れた。

ただし、こういった意識が持続するかどうかは未知数で、根本的にツーリズムにおけるサステナビリティへの意識を教育していくことが重要だと思われる。ただ、最近、これまでとは違った、よりホスト社会に配慮したツアーや宿泊施設に人気が出てきており、成人であってもそういった意識の醸成が現在進んでいることは確かであろう。

四番目に「ホストとゲストのインターアクション調整」については、本ツアーでは適切に行われていたと言える。できるだけ多くのゲストを効率的にさばこうと考えるツアーでは、本ツアーのようにインターアクションを双方向性に調整することは不可能であろう。その他、ツアー中の通訳や翻訳に関わるコードスイッチの調整も重要である。本ツアーでは、基本的に文化の説明の対訳として彼らの言語と英語が交互に現れてきたと思われるが、それ自体が肯定的に評価されていた。

最後は「言語の観光資源としての活用」を考える。ＮＴＡＴＳやケーススタディには言語をどのように観光資源化するかということには触れられていない。しかし、口コミから見ると彼らの言語はゲストを喜ばせるお土産として観光資源の役割を果たしていたと言える。本ツアーのように言語は基本的に対価を求めるサービスではなく、ホスピタリティの一つとして活用した方が良い。ただ、一時間の本ツアー内ではこれ以上先住民族の言語の役割を高め、維持・復興に直接結びつけることには無理があろう。

将来的にサステナブル・ツーリズムの意識が一層進み、ツーリズムにおけるホスト言語の価値が現在よりも高くなれば、ゲストは事前にある程度のホスト言語の学習を求められるようになるかもしれない。そうなると例えばツアーの中で行われる土産物の購入に際し、コミュニケーションの機能を持ったホスト言語の使用が行われる可能性もある。また、本ツアーのプロモーションビデオにはクリスティーンが、先住民族の歌を唄うシーンがあるが、非常に心に残るもので、もしより長時間のコースがあれば、歌を覚えてもらうこともできるかもしれない。その他、コミュニティの言葉遊びがあれば、それを覚えてもらうなど遊興機能として活用することも考えられる。もちろん、危機言語を学習してもらうという学習機能も持つであろう。

以上、見てきたようにサステナブル・ツーリズムという枠組みを持つことによってツーリズムは危機言語の維持・復興に貢献することができると思われる。ただし、その活用方法については一層の工夫が必要であろう。また、ツーリズム自体はゲストを引きつける最初の入り口として位置づけ、さらに維持・復興を確実にするための次のステップを準備することも大切である。

危機言語の維持・復興は現代の社会的価値観の中では重視されることであり、またホスト社会の維持を目的とするサステナブル・ツーリズムもまた現代の我々にとっては重要な規範となっている。コロナが沈静化し、インバウンドも含め、すべての観光活動が再活性化し始めた今、ホスト社会を疲弊させるこれまでのツーリズムではなく、先住民族の危機言語の維持・復興にも資するような新たなツーリズムの生成が必要であろう。

注

(1) Booking.com　https://news.booking.com/ja/sustainable-travel-report-2022/ （最終閲覧日 2022/10/23）

(2) 二〇二二年大会の HPhttps://inbound-summit.com （最終閲覧日 2022/10/23）

(3) 観光庁・UNWTO（「国際世界観光機関」） 駐日事務所 https://www.mlit.go.jp/kankocho/content/001350848.pdf （最終閲覧日 2022/10/23）

(4) 「特定の観光地において、訪問客の著しい増加等が、市民生活や自然環境、景観等に対する負の影響を受忍できない程度にもたらしたり、旅行者にとっても満足度を大幅に低下させたりするような観光の状況」（平成三〇年『観光白書』、一一一頁）

(5) UNWTO　What is "Sustainable Tourism"? https://en.unwto-ap.org/faq/10712/ （最終閲覧日 2022/10/23）

(6) UNESCO https://ich.unesco.org/en/what-is-intangible-heritage-00003 （最終閲覧日 2022/10/23）

(7) Australian Bureau of Statistics https://www.abs.gov.au/statistics/people/aboriginal-and-torres-strait-islander-peoples/aboriginal-and-torres-strait-islander-people-census/2021 （最終閲覧日 2022/10/23）

(8) World Indigenous Tourism Alliance https://www.winta.org （最終閲覧日 2022/10/23）

(9) Northern Territory Aboriginal Tourism Strategy 2020-2030 https://www.tourismnt.com.au/research-strategies/strategies/northern-territory-aboriginal-tourism-strategy-2020-2030 （最終閲覧日 2022/10/23）

(10) ブロルガノーザンテリトリーツーリズム賞（Brolga Northern Territory Tourism Awards）はノーザンテリトリーの公式ツーリズム賞で二〇一三年から行われている。 https://www.tourismnt.com.au/industry-toolkit/brolga-awards （最終閲覧日 2022/10/23）

(11) https://www.tourismnt.com.au/industry-toolkit/brolga-awards/previous-winners/2018-winners

(12) Aboriginal?Cultural Experience & Tours　https://karrke.com.au（最終閲覧日 2022/10/23）

(13) トリップアドバイザー <https://www.tripadvisor.jp/AttractionProductReview-g17648192-d19404889-Karrke_Aboriginal_Cultural_Experience-Petermann_Northern_Territory.html>（最終閲覧日 2022/10/16）

(14) ワンマラ（Wanmarra）はアリススプリングス南東四五〇キロに位置する。

参照文献

加藤好崇『「やさしい日本語」で観光客を迎えよう―インバウンドの新しい風』大修館書店、二〇一九年

加藤好崇「インバウンドと「観光のためのやさしい日本語」」『日本語学』三九（3）、明治書院、二〇二〇年、一〇九～一一七頁

河崎靖・千家愛子『アボリジニの言語』大学書林、二〇二〇年

濱嶋聡『アボリジニであること』名古屋外国語大学出版会、二〇一七年

Amery Rob. (2014) Reclaiming the Kaurna language: a long and lasting collaboration in an urban setting. “Language Documentation & Conservation” Vol. 8, 2014, 409-429. Hawaii: University of Hawaii Press.

Kelly-Holmes & Pietikainen(2011) The local political economy of languages in a Sami tourism destination: Authenticity and mobility in the labelling of souvenirs. “Journal of Sociolinguistics” 15/3,pp.323-345.

Lonardi,S. (2020) Sustainable Tourism and Intangible Cultural Heritage: The Cimbrian Languagein Luserna/Lusern and Giazza,ITALY. “WIT Transactions on Ecology and the Environment”, 248 pp.51-63. WIT Press.

Lonardi,S & Unterpertinger,Y.(2022)The Relevance of Intangible Cultural Heritage and Traditional Languages for the Tourism Experience: The Case of Ladin in South Tyrol Sustainability.14,2729. https://www.mdpi.com/journal/sustainability

Smith, V. L. (1989) Introduction. “Hosts and Guests: The Anthology of tourism”. pp.1-17. University of Pennsylvania Press.

Nunes,T. A. and Lett, J. (1989) Touristic studies in Anthropological Perspective. “Hosts and Guests: The Anthology of tourism”. pp265-

280. University of Pennsylvania Press.

オーストラリアの歴史教育で育まれる探究力

下村隆之

一、はじめに

本稿は、本書の目的の一つでもある、オーストラリアを一つのモデルケースとして分析し、これからの社会のあり方を考え、私たちの未来にどのような意義を持つのかという問いについて、本稿のテーマでもあるオーストラリアの歴史教育を事例として分析し、議論を展開している。同国の歴史教育が、如何なる変化を遂げて現在の姿に至っているのか、ニューサウスウェールズ州の状況を主たる事例として分析を試みている。特に、オーストラリアの事例から考察することによって、私たちの未来にどのような意義があるのか、日本の歴史教育の未来の在り方に示唆を与え、日本社会への提案をして議論を展開することをその目標としている。なぜなら、どれだけ海外の状況を学術的に提示したところで、それが自らの社会を新たに変化させていく提案や原動力にならなければ、それは単なる自己満足に過ぎない学問に終始してしまうからである。

この目標を達成するために、本稿は次のように展開される。まず、オーストラリアの歴史教育の変遷を辿り、そして日本の社会科（地歴・公民科）に相当する「社会と環境」(Study of Society and Environment (SOSE)) の構成科目を中等教育を中心に分析する。そして、中等教育の最終段階にあたる後期中等教育における歴史科目の状況を把握するとともに、その中の一つである「現代史」において探究力をどのように育み評価しているのか、オーストラリアの入試問題を事例として分析する構成で展開する。加えて、思考力や探究する力を新たな学力として重視している日本の歴史教育および広くは社会科教育、そして教育全般に対して新たな示唆を提案することで、私たちの未来への意義を見いだすことを最終的な目標としたい。そのため、各章においてそれぞれの章の内容に対応した視点で日本社会への個別の提案を提示し、全体像を網羅した提案を本稿の最終章で議論する。

なお、事例としてニューサウスウェールズ州を扱う理由は、教育の権限が各州に帰属するオーストラリアにおいて、同州は古くより中等教育の中で独立した科目として「歴史」を提供してきた経緯があることによる。他の州は一部の例外を除けば、歴史に関する内容は、日本の社会科に相当する「社会と環境」の学習内容の一部として提供されてきたにすぎない。その後、オーストラリアのナショナル・カリキュラム導入に伴い全州に科目として「歴史」が設けられたが、その内容には、ナショナル・カリキュラム制定以前から「歴史」を提供してきたニューサウスウェールズ州の影響が強くみられる。この点から、同州は、歴史教育界では「歴史州」としての異名も持ち、歴史教育に関しては、長年たずさわり先駆的な取り組みを提供してきたことが、その理由である(1)。

二、歴史教育の歴史的変化

オーストラリアの歴史教育の変遷は、大きく分けて三つに分類される。それは一九五〇年代頃まで採用されていた、①グランド・ナラティブ・ヒストリー、一九六〇～七〇代に導入が加速した、②ニュー・ヒストリー、その後展開された、双方の歴史の在り方に関して批判的な立場をとっている、③クリティカル・アプローチの形態である。

① グランド・ナラティブ・ヒストリー

この授業の形態は、教師から生徒に対して確立した知識を一方向的に伝授する方法で、一般的に言われるいわゆる講義型の授業である。そして、教授される内容は高度な教育を受けてきたアカデミックなエリート歴史家たちが確立

した壮大な語り (grand narrative) で構築されている。その特徴は、西欧中心的な視点に立ち、過去から現代へ向かう一方向的な時間軸で歴史を定義し、それをもとに定義された事柄は、歴史的知識としてクラスルームで教えられる歴史の授業の在り方である。

② ニュー・ヒストリー

一九六〇年代以降、世界的な人権運動の展開やフェミニズムや反戦運動の台頭などが、それまでの主に白人の男性エリートによって構築されてきた歴史観に対して疑問を投げ掛け、新しい歴史の構築が教育現場でも模索され展開された。それがニュー・ヒストリーである。ここでは、一方的に伝授される知識に対して疑問を持ち、生徒自らがテーマや疑問を設定し調べ学習をするいわゆる探究 (investigation) 型の授業に転換した。これ以降、同国では知識集積型から探究型の授業が定着していくこととなる。

③ クリティカル・アプローチ

ニュー・ヒストリーは、教師中心の講義から生徒主体の探究型へと教育の在り方を構造的に変えたが、他方で新たな課題が提起されることになった。それは、生徒自らの探究に偏りが生じることや、それはさらに広く社会全般に対立をもたらす可能性があることである。例えば、一月二十六日の建国記念日「オーストラリア・デー」は、入植の日であると同時に先住民とっては侵略の日となり、両者の間に対立構造をもたらす。クリティカル・アプローチは、前述した二つの立場を取らずに、過去を現代の視点で批判的に歴史を探求する技術や思考力を重視している。

オーストラリアでは、このような歴史教育の変化を遂げていくが、これらの一連の変化は、オーストラリア単独に進展したわけではなく、米国や英国あるいはカナダ等の欧米先進国で共通し連動した現象である。米国やカナダ同様にオーストラリアは、多様な移民で構成される多民族・多文化社会であるために、多様な歴史解釈が共存する必要があり、歴史の学力というのも定められた知識の評価ではなく、歴史を分析し吟味する思考力が重視されていった。すなわち、近年世界の教育界で使われる言葉である学習内容を示すコンテンツから、分析して思考する力であるコンピテンシーへと移行して現在に至る経緯がある(2)。

ここでの日本への示唆は、思考力獲得へ向けた実践的な移行の必要性である。まず、オーストラリアも古くは教師主体で実践される知識集約型の授業を展開しており、それを長い年月をかけて生徒主体の探究型の授業に変えていった。また、それは世界的に展開された人権運動等との影響を受けて欧米先進国に共通する変革であったが、オーストラリアはそれに柔軟に対応していった。それに対して、同じ先進国で民主主義国家でありながら、日本のみがそれに十分に対応することなく後れを取り、依然として知識集約型に固執している特徴が見いだされる。近年になり、日本の教育においても、思考力や判断力、あるいは表現力の獲得が叫ばれているが、実際の学校現場では、知識蓄積型の授業が引き続き展開されている実態が広く継続している(3)。

三、社会科教育カリキュラムの構成

オーストラリアは、教育の権限を各州が持つため、日本の社会科や地歴・公民といった社会系教科に相当する人文社会学系教科の名称は広く「社会と環境」(Society and Environment) と呼称されるが、本稿ではニューサウスウェールズ州を事例とするため、該当の教科は「人間社会と環境」(Human Society and Its Environment (HSIE)) である。前期中等教育は七~十学年で、後期中等教育は十一~十二学年である。なお、カリキュラムにはボード・デベロップド・コース (Board Developed Courses) とボード・エンドース・コース (Board Endorsed Courses) という二つの枠組みがあり、その中には何らかのハンディキャップ持つ生徒を対象としたライフスキル (Life Skills) などの細分化されたコースがあるが、本稿では多数の生徒が進む高等教育進学を前提とした大学入学資格試験 (Higher School Certificate (HSC)) を前提としたボード・デベロップド・コースを取り上げる。

前期中等教育では、教科「人間社会と環境」の中に含まれる学習内容と必須科目として「地理」と「歴史」が設けられている。また、両科目は選択科目としてもさらに深めることができる。オーストラリア独特のものとしては、先住民について学ぶ「アボリジナル研究」が選択科目として設定されている。「職業教育」は、日本の学校にみられるような職場体験をすることなどで、世の中の職業について学ぶのでなく、働き手の持つ権利を学ぶなど公民的資質を養う学習内容である。

後期中等教育の科目構成は次のようになっている。

表 1: 前期中等教育 社会系教科科目
人間社会と環境 第 4-5 段階 (7-10 学年)
(必須) 地理 歴史
(選択) アボリジナル研究 商業 選択地理 選択歴史 職業教育

表 2: 後期中等教育 社会系教科科目
人間社会と環境 第 6 段階 (11-12 学年)
(選択) アボリジナル研究 古代史 ビジネス研究 経済 地理 法学 現代史 社会と文化 宗教研究(I+II) (追加選択) 歴史発展

後期中等教育では、社会系科目は全て選択科目となっている。この点においても、オーストラリアの生徒に広く選択権のある主体的な教育が展開されていることと、早期より専門性を高める教育方針の二点の姿勢が確認できる。選択科目は九科目と豊富で、その中でも、歴史に関しては、選択科目としての「古代史」「現代史」に加えて「歴史発展」を選択することもできる。この点も前述した歴史州としての同州の特徴の一つを見い出すことができる。

歴史科目に関しては、その区分を古代と現代としている。自国史と外国史の分類にしていない点は特徴的である。詳細は後述するが、オーストラリアに関する歴史事項は、「古代史」においてはオーストラリア先住民に関する内容、そして「現代史」においては、第一次世界大戦以降のオーストラリアに関するトピックが取り扱われている(4)。

ここにおける日本への示唆としては、以下のいくつかが挙げられる。まず、オーストラリアの前期中等教育では、地理と歴史を必須事項として重視しており、この点は、地理・歴史・公民の三本柱の日本とは異なる。また、選択の余地がなく地理・歴史・公民で設定された内容を全員が学習する日本の制度に対して、前期中等教育の段階から選択科目が設定されていることからも、自らの興味関心に基づいて選択し学習するといった教育の主体者である生徒の自主性が重んじられていることも確認できる。この点は、全員がすべて横並びに同じことをする日本の教育制度も、社会の多様性への対応や生徒の主体性を育むためにも、生徒の自主的な選択の余地を拡大することを検討すべきであろう。生徒の興味関心は個々に異なるため、全員が同じ内容を一律に実施することに本質的な教育的意義や価値があるのか、オーストラリアの事例を参考にしながら議論する価値は高い。

また、オーストラリアの特徴として、日本における日本史と世界史といった、自国と他国を分離するような歴史の学びではなく、世界の中のオーストラリアという位置づけであることと、自国のことも他の国や地域と対等な歴史学習の選択肢の一つにすぎないという点である。歴史は政治に利用されやすい点を鑑みるならば、このような位置づけであるならば、学問の自由を政治的に切り離していると捉えることもでき、日本の歴史学習においても考慮されるべき視点でもあるといえる。

さらに、後期中等教育になると全て選択科目となり、生徒の主体性がより尊重されている。また、科目の名称からも判断できるが、専門分野に細分化していることが伺える。このことから、将来的に高等教育で専門分野を深めるための基礎的な能力の獲得に重きがあることが確認できる。つまり、単なる一般教養的な知識を広く浅く獲得することに教育的な意義や意味を認めておらず、むしろ興味関心があることを追求し、専門的な知識を獲得することによって自分自身の成長と社会への貢献をすることが望ましいという視点に立脚しているに他ならないであろう。これは至極当然の考えであり、また合理的である。日本は生産性が低いという指摘が近年広く社会では議論されているが、遡って見ていくと学校教育の時点から、生徒の個々の特性に対応したカリキュラムを構成せず、全員が一律に同様のことをする。あるいは、後期中等教育に選択が設けられたとしても、一般教養的で専門性に乏しい内容を網羅するだけの学習を強いられて育った者の社会で構成される世の中に、果たして高い生産性があるのか疑問が生じる。教育の価値は生産性ではないという議論もあるが、原点に立ち帰るならば、教育の主体者は子どもたちであり、その個々の生徒の興味関心に基づいた選択肢が考慮されたカリキュラムが存在しないということは、一体誰のための教育であるのか認識をあらためるべきであろう。

四、前期中等教育「歴史」の学習内容と求められる学力

次頁に示されているのは、前期中等教育の「歴史」におけるシラバスの構成内容である。前期中等教育では、古代から現代まで通史として学習内容が構成されている。また、オーストラリアに関する内容も、世界の中のオーストラリアとしての位置づけであり、自国中心的な史観で学習内容は構成されていない。また、これらの内容は、基本的に概観学習を除いて各項目それぞれに選択肢が設けられており、生徒は自らの興味関心に基づいて学習内容を選ぶこととなる。具体的には、第４段階の深度学習６に設けられているように、歴史上鍵となる四つの項目から選ぶことができる。この一覧表では煩雑になるため各項目全ての選択肢を表記していないが、それぞれの項目で複数の選択肢が設けられている。この点からも、全員が同じ内容を学び同じ知識を習得するのではなく、生

徒は世界とオーストラリアの通史から、個々の興味に応じて選択した学びを展開していくことになる。また、必須事項としてサイト学習が設けられている。これは、生徒自らが、歴史的・文化的な所在地（site）、いわゆる史跡・文化財等について調べる生徒主体の探究型の学習形態である。学校周辺や考古学的価値の高い場所、博物館やアボリジナル・サイトなど、地元地域やインターネット上などで公開されている歴史・文化的な箇所を調べることが期待されている。このサイト学習が必須となっていることは、歴史学習というのは、誰かに与えられた知識を蓄積することではなく、自らが周りの社会を見渡し、その社会に蓄積された歴史的な事柄に着目しそれを自ら探究するという力の育

表 3：前期中等教育「歴史」シラバス
第 4 段階（7-8 学年）
：古代世界（50 学習時間）
概観学習（総時間の 10%）
深度学習 1　オーストラリアを含む古代世界の調査
深度学習 2　地中海世界
深度学習 3　アジア世界
：古代から現代へ（50 学習時間）
・概観学習（総時間の 10%）
・深度学習 4　西欧とイスラム世界
・深度学習 5　アジア太平洋世界
・深度学習 6（選択：①モンゴルの拡大②アジア・アフリカ・ヨーロッパの黒死病③スペインのアメリカ征服④アボリジナルと先住民族，植民地と歴史との接触）
：必須事項　サイト学習
第 5 段階（9-10 学年）
2 つの概観学習と 2 つのコア学習，そして各テーマの深度学習から一つ選択すること
：現代世界の形成（50 学習時間）
・概観学習（総時間の 10%）
・深度学習 1　より良き世界の形成
・深度学習 2　オーストラリアとアジア
・コア学習（深度学習 3）　オーストラリアと二つの大戦
：現代世界とオーストラリア（50 学習時間）
・概観学習（総時間の 10%）
・コア学習（深度学習 4）　自由と権利
・深度学習 5　グローバル世界
・深度学習 6　概観学習に関連した学校設定トピック
：必須事項　サイト学習
出典：　Board of Studies NSW. *NSW Syllabus for Australian Curriculum: History K-10 Syllabus* (2012).

成が歴史における学力であるということを示している。つまり、知識となる学習内容を示すコンテンツ重視ではなく、歴史的事項を資料などの根拠をもとに如何に分析し、それを判断し評価するかといったスキルに相当するコンピテンシーが重視されている(5)。

本章における日本への提案は、一言でいうならば多様性に基づいた探究学習の導入である。前述したニュー・ヒストリー以降、探究型に移行していったオーストラリアの歴史教育の在り様から学べる点は多い。例えば、日本は島国であるが、亜熱帯気候で長期に渡り独自の発展や歴史的経験を重ねてきた沖縄や、亜寒帯気候で一部は江戸時代からの入植はあるが、明治になって編入されるまで長い間に渡り先住民であるアイヌを中心とした歴史的経験を重ねてきた北海道では、当然独自の地理的・歴史的背景をもとにした固有の歴史の学習の在り方が考えられる。いわゆる、京都や奈良、あるいは鎌倉や東京などの本州を中心とした歴史事項を中心に、誰もが同じように同じ知識を蓄積することに意義を持たせるには、限界があると言わざるを得ないであろう。そのような観点からも歴史の学習項目に多くの選択肢を設けることや、一律の通史観を解体し、地方の独自性に伴った学習項目を学習指導要領に設けるなど、固定化した歴史学習に変化や弾力性をもたらすことは、学習のダイナミズムを高めることになるであろう。

特に、サイト学習といった地域に根付いた視点から歴史を探究することは、単に歴史学習に留まらず、社会を理解する能力を育むという視点からも重視されるべき学習であろう。

五、後期中等教育「古代史」「現代史」の学習内容と求められる学力

ここでは、後期中等教育の歴史科目である「古代史」と「現代史」のシラバスを確認し、各科目で学ぶ内容や期待されるスキルについて分析する。

次の表は「古代史」のシラバスにおける学習項目である。

学習内容のフレームとして、十一学年において三つ、十二学年において四つの項目が挙げられているが、十二学年のコアスタディにあるベスビオの都市（ポンペイとヘルクラネウム）を除き、実際のシラバスの詳細項目には、十一学年と十二学年を通じた全ての項目には広範な選択肢が設けられている。事例を挙げるならば、例えば、古代社会では、エジプト新王国からアメンホテプ三世までの社会などの十項目の選択肢、古代の人物ではカエサルなど十名の歴史的人物から選べ、古代の時代区分でも欧州以外にも秦・漢時代など十の区分された地域から選択する仕組みである。

十二学年の必須となるコアスタディに関しても、オーストラリアが英国連邦の一員であり、歴史的に英国の影響を受けていることから、英国に関する古代社会のことが必須となっているわけでなく、イタリアの都市が事例として提示されている。両学年を通じて、地域区分としてあげられているのは、エジプト、ギリシア、ローマ、ケルトヨーロッパ、オーストラリア、アジア、中近東そしてアメリカ大陸となっており、英国に関するものは、ケーススタディの中の選択肢の一つとして、現在のイギリス、東ブリタニアのノーフォーク地域を治めていたケルト言語圏のケルト人イケニ族の女王であるブーディカが挙げられているに過ぎない。オーストラリアに関する項目も同様に、選択肢の一

表4：古代史　シラバス 2017年
11 学年
古代史探究 ・古代史の性質 ・ケーススタディ 古代社会の特徴 歴史探究
12 学年
コアスタディ ・ベスビオの都市（ポンペイとヘルクラネウム） 古代社会 古代の人物 古代の時代区分
出典： NSW Education Standards Authority (NESA). *Ancient History Stage 6 Syllabus*. (2017).

つとして、古代オーストラリアとしてあげられているに過ぎないのである[6]。

次に「現代史」を取り上げる。

表5：現代史　シラバス 2017年
11学年
現代史探究 ・現代史の性質 ・ケーススタディ 歴史探究 現代世界のかたち
12学年
コアスタディ ・現代世界(1919-1946)の力と権威 国家研究 紛争と平和 現代世界の変化
出典： NSW Education Standards Authority (NESA). *Modern History Stage 6 Syllabus*. (2017).

「現代史」の学習項目の構成は、基本的には「古代史」と同様である。現代史の性質やケーススタディ、歴史探究や現代世界の性質、コアスタディと個別事例の探究である。ただし、「現代史」の特徴は、近代国民国家が形成された現代史を扱うため、国家研究や現代の地域紛争と平和の在り方、そして急速に変化する国際社会の有り様を学習する項目が設けられている点である。基本的な対象地域はヨーロッパ、北米、オーストラリア、アジア、太平洋、アフリカ、中東、中央・南アメリカとなっている。「現代史」では、オーストラリアを取り囲む世界の情勢に応じて、太平洋地域が明記されている点が、「古代史」との違いでもある。しかし、コアスタディで定義されている学習項目は、第一次世界大戦後から第二次世界大戦の終結まであることからも、歴史上の転換点にあたる事項を世界史的な視点で分析する立ち位置をとっている。ただし、オーストラリアの世界における地理的な位置づけを配慮し、国家研究では、

オーストラリア、中国、インド、日本、インドネシア、ロシア、アメリカ合衆国、イランの八か国から選択し、現代世界の変化では、ビルマの民主化運動、文化大革命から天安門事件、アメリカの市民運動、世界秩序の変化、核の時代、南アフリカのアパルトヘイトの六項目から選択となっている。そこには、個別の地域や国家以外にも、世界秩序や核といったグローバルな課題も設けられており、一国の歴史を辿ったり、現代世界で起こった歴史的事象に対する知識を網羅的に構築するのではなく、テーマや課題に応じた探究を主旨としていることが反映されているといえよう(7)。

また、追加選択できる「歴史発展」を紹介する。「歴史発展」では、歴史とは如何なるものか、歴史家の社会における役割、あるいは歴史的議論を展開する上での社会に与える影響など、歴史学の有り様や歴史哲学的な内容を学習する専門性をさらに高めた内容となっており、歴史的事項の更に細分化された知識の紹介や構築を目的とはしてない。

ここにおける我々の社会への示唆は、後期中等教育すなわち、いわゆる高校における歴史学習の科目の在り方を再構築することである。近年、歴史科目は「歴史総合」と「日本史探究」、「世界史探究」に区分され、「歴史総合」は近現代を中心にグローバル化する世界と日本に焦点を当て、自国史である日本史と他国を扱う世界史の区分から統合された点は、新たな変化ではある。しかし、従来の「世界史B」や「日本史B」に相当する科目は「世界史探究」ならびに「日本史探究」であり、相変わらず日本と世界を分離した価値観に基づき科目が構成されている。この点は、更なる議論が深められても良い点である。現代は物理的に人・モノ・金が世界中を駆け巡るグローバル社会であるだけでなく、インターネットによる電子社会においても常に世界中と結びつき、その活動や範囲は加速度的に拡大している。

また、歴史学の世界においても、グローバルヒストリーやそれを拡大したビッグヒストリーも提唱され注目されている。そのような中で今後の世界を見据えるならば、国家を前提とした自国史・他国史の分類ではなく、世界と世界の中の日本を見渡した科目構成に変化するべきであろうし、オーストラリアの「古代史」「現代史」の区分はそれに様々なヒントを与えてくれるであろう。つまり、国家の枠組みを越えた歴史教育への模索を進めるべき時代に我々はいるのかもしれないということを認識すべき時期に来ているといえる(8)。

六、大学入学資格試験 (Higher School Certificate (HSC)) の特徴

ニューサウスウェールズ州で大学入学資格試験における必須科目は、英語のみである。したがって、社会科関係科目は全て選択である。次の表は、大学入学資格試験における各科目の登録者数である。

表 6: 大学入学資格試験 2021 年 登録者数

人間社会と環境 第 6 段階 (11-12 学年)	
(選択科目)	(人数)
アボリジナル研究	758
古代史	6,579
ビジネス研究	18,049
経済	5,099
地理	4,516
法学	10,935
現代史	11,139
社会と文化	4,756
宗教研究（I+II）	14,544
(追加選択科目)	
歴史発展	1,791

出典: NSW Education Standards Authority. *2021 HSC enrolments by course* (2021).

最も選択者数が多いのは、「ビジネス研究」である。続いて「宗教研究」が入るが、これは一単位の「宗教研究Ⅰ」と二単位の「宗教研究Ⅱ」があり、データは総数である。そして、「現代史」「法学」と「古代史」が続く。「宗教研究Ⅰ」と「歴史発展」は、一単位でそれ以外は全て二単位である。二単位の科目は試験時間については三時間であるが、一単位の科目の「宗教研究Ⅰ」は一時間半に対して「歴史発展」は二時間のため、試験時間は一様ではない。試験問題の構成は、科目によって多少ばらつきがあるが、基本的には論述である。歴史科目である「古代史」や「現

代史」は、二〇一三年頃までは一部において歴史的事項に関する語句を問う選択問題等も出されていたが、近年は選択問題はなく全て論述である。三時間にも及ぶ論述試験を課している背景には、出題者の要求している知識についての確認の試験ではなく、探究力といったスキルであるコンピテンシーを学力として評価する仕組みであるからに他ならない。つまり、オーストラリアでは、知っていることや知識の構築は重点的に評価されるべき学力ではないということである。重要なのは、探究するプロセスとして十分なスキルを持っているか、あるいは探究したことを分析するための十分なスキルや分析結果から判断する力、あるいは評価する力を包括的な学力の基準としていることが伺える。

本章における日本への提言は、抜本的な価値観の変革である。日本の歴史教育ないしは社会科教育全般で問われてきた、知っていることの数量や範囲を問う教育の在り方、それは一見客観的知識を問いており、中立であり公正であるという見解に基づいているが、果してそうであろうか。世の中にある全ての情報は、その情報の発信者の意図があり、発せられた時点で既に何らかのバイアスがかかっている。特に、人間社会の活動でもたらされる情報や知識には、多様な因果関係や様々な解釈や見解があり、よってその事象の存在の在り方や、ともすれば存在そのものの是非も問われることになる。その点を、考慮した際に、現存する知識そのものを絶対的かつ普遍的なものとして疑問を持つことせず蓄積することよりは、疑問を持ち分析し探究する力を学力として定義し、その技量を図ることに、オーストラリアの歴史教育の学力規準がシフトしていった点は、いたって賢明であり自然なことである。知識や情報そのものは何ももたらさないが、それを吟味し活用する力を高めることは、変化の激しい現代社会において、非常に大きな力になるであろうし、歴史教育においてもそのような技量を育むことは必然なのかもしれない。その点を鑑みると、日本の入試の実態は、未だマークシートや選択問題に広く依存している実態が多く、世界の変化や状況に応じた対応の変化がより求められてもよいのである。

七、現代史(Modern History)で評価される探究力

ニューサウスウェールズ州の試験において評価されるのは、探究するための能力であって、知識の記述ではない。従って、試験では事柄を説明するような記述(description)は求められず、問われるのは評価でありassessやevaluateといった言葉やto what extentといった言葉で設問が構成されている。例えば二〇二〇年のセクションⅡの国家研究について、日本に関する問九は次のようになっている。

「一九二〇年代の勢力や権威に対して財閥が与えた影響を評価せよ」

あるいは

「一九三〇年代における軍国主義の成長に昭和天皇が与えた役割を評価せよ」

評価されるのは探究力のため、「財閥が与えた影響」や「天皇の役割」があったか否か、あるいは程度の具合は問題とならない。また、それらの影響や役割は、ゼロ(0)%から一〇〇%までのどの程度になるかは受験者の判断になる。評価されるべき点は、個々の学生が根拠となる資料を如何に分析し、それぞれの結論にたどり着いたかという、探究のプロセスの一貫性であり、異なった資料の公正な取り扱いや議論の重要性である。

また、別の事例として、セクションⅠの問三では、「ユダヤ人に対するナチの抑圧に関する資料二について、この資料の持つ価値とその限界について説明せよ」とあり、資料そのものの歴史的価値や資料を分析する上で認められる限界についてどのように評価するか、その技量が問われることになる。

では、このような試験をどのように採点するのであろうか。同州では、試験問題とともに採点ガイドラインが公開されているが、右記の資料分析の問題では、評価に関して簡単にまとめると、次のような特徴が確認できる。まず、

価値と限界の両方についての言及があるかどうか。そして、資料からの情報の活用について、幅の広さと論理的な説明があるかどうかである。それらが、片方の情報のみの提供になるとスコアが低下し、さらに一般的な言及に留まっているなら高い点数は与えられない。

同州では、採点官は二名で、その二名の平均をとる形となっている。両名の点数が大幅に開いた場合は、シニア採点官が間に入り判断を下すことになる。採点官は同州の高校の経験ある教員で構成されており、中等教育の学習の成果を確認する意味からも、高等教育機関である大学が介入することはない。

本章における日本の入試制度への提言は以下である。近年、日本でも記述能力の向上が学力として問われ入試制度改革も紆余曲折を辿っているが、そもそも、それはオーストラリアでは評価の対象とされない。例えば、「○○について説明せよ」といった範疇の設問は、その歴史的事項についての説明に過ぎず、情報を文章にした形に過ぎないからである。それまでの虫食い型選択問題やマークシート型の事柄に対する単なる知識を問う問題と比較すれば、文章化する過程が盛り込まれ、文章を構成する能力を評価するという点で進歩した形態ということはできる。しかし、オーストラリアでは、そのような記述は description と定義され単なる情報の文章化に過ぎず、根拠をもって説明される explanation とは異なるため、十分な評価には値しない。つまり根拠をもって説明できる主体的な技能が学力として評価に値するという前提に基づいている。

また、中等教育の教育の成果を、その評価も含めて明確に中等教育が担っている点は、学ぶべきことや、生徒が中等教育在学中にするべきことがはっきりとして、より学業に専念できるのではなかろうか。また、それは同時に教える側にとってもいえることである。日本の大学入試で、どこが出題されるかわからないために、四〜五〇〇ページ以上もある世界史や日本史の教科書を、高校の授業や補習、あるいは課外と呼ばれるもので表面だけさらうことに学習の本質があるとはいいがたいであろう。また、そのような状況が生徒の歴史離れを加速しているともいえる。これらの観点からすれば、生徒にどこを学ぶか選択権があり、その学びに関しては、与えられた知識ではなく、探究するプロセスのスキルを評価する方がより現実的で合理的な方法でもある。

八、オーストラリアの成功と未来へ向けた日本への提言

どの国もそれぞれ固有の問題は存在する。しかし、日本が失われた三十年と呼ばれる停滞ないしは国力の地盤沈下を経験しているのと異なり、オーストラリアは成長し続けている。それは、単にGDPといった経済指標のみならず、社会全体での豊かさにおいて、様々な角度から受け止めることが可能である。歴史あるいは歴史教育においても同等である。近年世界規模でのグローバル化に伴い、歴史分野においてもグローバルヒストリーが人々の関心をとらえ隆盛している。その拡大は、単に人類の歴史に留まるのではなく、宇宙の誕生から今日に至るまでの全歴史を包含する試みも実践されている。その試みの一つに、ビッグヒストリーがある。このビッグヒストリー考案の主たる人物は、オーストラリアの歴史学者デビッド・クリスチャンである。つまり、オーストラリアは歴史の世界においても世界に影響力のある人物を輩出し、歴史の発展に貢献している。また、彼の活動は単に歴史学の領域に留まらず、ビルゲイツの財団とともにビッグヒストリープロジェクトを推進し、歴史に関する教育コンテンツを提供し、歴史教育の変革にも挑戦している。この背景にあるのは、時代の要請に柔軟に反応し、常に大胆な変革を遂げてきた歴史教育の在り様と無縁ではなかろう。また、オーストラリアは変化することに柔軟であり、歴史領域を含めた教育の変革は今後も期待される。このような成功を目の当たりにした時に、日本の未来へ向けた提言は、大きな意味を持つことになる(9)。

本稿では、オーストラリアの実践している歴史教育が、日本の歴史教育の未来へ向けて、どのような提案ができるか、各章の後部において個別の提案を試みた。本章では、総論としてオーストラリアの歴史教育の在り様を理解することが、日本の歴史教育をより良くするためにどのような可能性を秘めているか、更に踏み込んで検討する。

まず、教育界は過去から現代までの時間軸を一方的に捉え、その中にある歴史的な事象や事項を網羅し、物量的に知識の構築をする知識詰込み型の歴史教育観から本質的に脱却すべきである。

ここで本質的にと提案しているのには、明確な理由がある。それは、近年になり地歴科構成科目が改訂され、「歴

史総合」、「探究世界史」、「探究日本史」となり、「歴史総合」では近現代を中心に、「探究世界史」や「探究日本史」では、その文字通り探究という言葉が採用され探究力が重視されている。しかし、学力を図る入試問題の主流が、未だマークシート形式や選択式問題、あるいは虫食いと呼ばれる空欄補充といった形態に広く集約されていることである。生徒が自ら選んだテーマに関して、オーストラリアの実践するような、三時間にも及ぶ議論を展開する論述式の学力の評価ではない。マークシート形式等の試験でも探究力は十分に評価できるのではないかという議論もあるが、問題作成者の意図によって与えられた選択肢から正答を受動的に選ぶことで探究する力というものを、形式的には可能であっても、本質的に評価することは極めて難しいであろう。なぜなら、そもそも、探究というのは、生徒自らが主体的に取り組む活動であって、その評価も当然生徒自らが主体的に展開した議論から判断されるべきであるからである。

さらに広く、教育とは何か、あるいは教育の主体者とは誰かと考えるならば、それは生徒であり、教師や行政ではない。ましてや、それは出題者や採点者でもない。その点を鑑みるならば、オーストラリアの歴史教育は、長い年月をかけて教師中心の一方向的な講義型の授業や歴史家たちが構築した時系列の歴史的事項の内容を学習する内容から、生徒が学びたい歴史的事項を選び主体的に探究していく教育方法への転換と、その探究を進めるためのスキルの獲得に変化を進めていった。この点は、日本の歴史教育のみならず社会科教育、あるいは広く教育界全体として、日本の教育の未来への変革として学びうる価値は大きいといえる。逆に、戦後より何十年もの間、本質的に何も変えることができなかった日本の教育界や歴史教育界、あるいは社会科教育界の責任は重い。今こそオーストラリアの変革からも学びとり、日本の未来への視座を展望すべきである。

注

(1) Taylor, T. "Under siege from Right and Left: A tale of the Australian", In T.Taylor and R. Guyver (eds), *History Wars and the Classroom: Global Perspectives*. Charlotte: Information Age Publishing, Inc, pp25-50. (2012).

(2) Marsh, C. *Teaching the Social Sciences and Humanities in an Australian Curriculum*, Pearson Australia. (2011).

(3) 各教科書出版社より、機械的暗記を促す一問一答型の問題集が出版されていることや、実際に、筆者の子どもたちが持ち帰る定期試験の解答や教育実習に参加した学生の資料、あるいは模擬授業をする学生の授業からも空欄補充のワークシートや教科書の太字の暗記することなどの学習内容の確認が取れている。

(4) *NSW Education Standards Authority. NSW curriculum and syllabuses. 2022.* (2022/07/09).
https://educationstandards.nsw.edu.au/wps/portal/nesa/k-10/understanding-the- curriculum/curriculum-syllabuses-NSW.
なお、二〇二二年時点において、後期中等教育では必須科目は英語のみであり、州としては数学も必須化する方向性を出しているが、教育スタッフ不足等の問題もあり、実現には至っていない。

(5) Board of Studies NSW. *NSW Syllabus for Australian Curriculum: History K-10 Syllabus.* (2012).

(6) NSW Education Standards Authority (NESA). *Ancient History Stage 6 Syllabus.* (2017).

(7) NSW Education Standards Authority (NESA). *Modern History Stage 6 Syllabus.* (2017).

(8) グローバルヒストリーに関しては、様々な文献が出版されている。ビッグヒストリーに関しては以下などがある。日本語版も出版されている。
Christian, D. Brown, C & Benjamin, C. *Big History: Between Nothing and Everything.* McGraw-Hill Humanities Social (2013).

(9) *Big History Project: 13.8 Billion Years of History.* (2022/09/06).
https://www.oerproject.com/Big-History

ウクライナ危機から未来に向かうオーストラリア経済

多田　稔

一、はじめに

二〇二一年にアメリカ大統領が共和党のトランプ氏から民主党のバイデン氏に代わり、世界は再生エネルギー利用に向けて大きく踏み出した。ところが、国際経済はコロナ禍からの回復過程にあり、在来型エネルギーへの開発投資が抑制されてきたこともあって、二〇二一年後半には原油価格が上昇、日本では火力発電所における発電能力の限界から冬場の電力需給が危惧されていた。しかも、翌二〇二二年二月二四日に始まるロシアのウクライナ侵攻によって原油・ＬＮＧ（液化天然ガス）や小麦の価格が急騰、どの国にとってもインフレ対策が急務となった。

このような緊迫した国際情勢の中でひときわ輝きを放ったのがオーストラリアである。ウクライナ危機の当事者であるロシアは原油と小麦、ウクライナは小麦の主要生産国であったが、その輸出が困難になる中でオーストラリア産の小麦とＬＮＧは世界経済の救世主となった。オーストラリアは「エネルギーの脱ロシア化」の視点から注目され、外国為替市場において同国の通貨豪ドルは米ドルに対して上昇することもあった。

二、近年のオーストラリア経済

二一世紀に入り、オーストラリア経済は好調なパフォーマンスを維持している。一九九〇年を基準とした実質GDP（国内総生産）の推移を図一（a）に示す。オーストラリアは二〇〇八～〇九年の国際金融危機（通称「リーマン・ショック」）の影響を受けることなく、二〇〇〇年以降平均二・九％の成長率を達成した。この要因として、一九七〇年代から徐々に進められてきた産業保護政策の見直しや政府企業の民営化等の経済改革に加えて、中国の鄧小平「四つの近代化」を端緒とする改革・開放政策が実を結んで鉄鋼等の重化学工業が発展し、オーストラリアから中国向けの鉄鉱石や石炭の輸出が大きく伸びたことがある。

同図では、日本の成長率の鈍化が顕著に見られる。この背景として、人口、とりわけ生産年齢人口の減少がある。そこで、出生率の変化や移民等による人口増減の影響を除いて、一人当たり実質GDPの推移を示したのが図一（b）である。同図で示す四か国の中でオーストラリアが首位であるが、二〇一〇年以降のアメリカの高成長が顕著である。二〇〇〇年から二〇一九年に至る二〇年間を通してみるとオーストラリアの成長率が首位であり、日本は失われた三〇年と言われるように、とりわけバブル崩壊からリーマン・ショックに至る二〇年間の低成長が著しい。

我々の身の回りの食品や、かつて日本の製鉄業が輸入した鉄鉱石から推測して、オーストラリアは農業や鉱業の国であると考えられることが多い。ところが、付加価値であるGDPの構成と輸出構造は全く異なった姿を見せる。まず輸出構造の方を見ると、輸出に占める割合は農産物（食品を含む）一一％、鉱産物四〇％、工業製品二八％、サービス二一％となっている。かつては羊毛等の農産物が六割以上を占めたこともあるが、現在では我々が日常生活で農産物とイメージする原料農産物のみでは二％程度に過ぎない。

次に、GDPの構成をみると、農林水産業二％、鉱業一〇％、製造業六％、サービス業（建設業を含む）八二％となっており、三〇年前の一九八〇年（農林水産業四％、鉱業四％、製造業一五％、サービス業七七％）と比較すると、

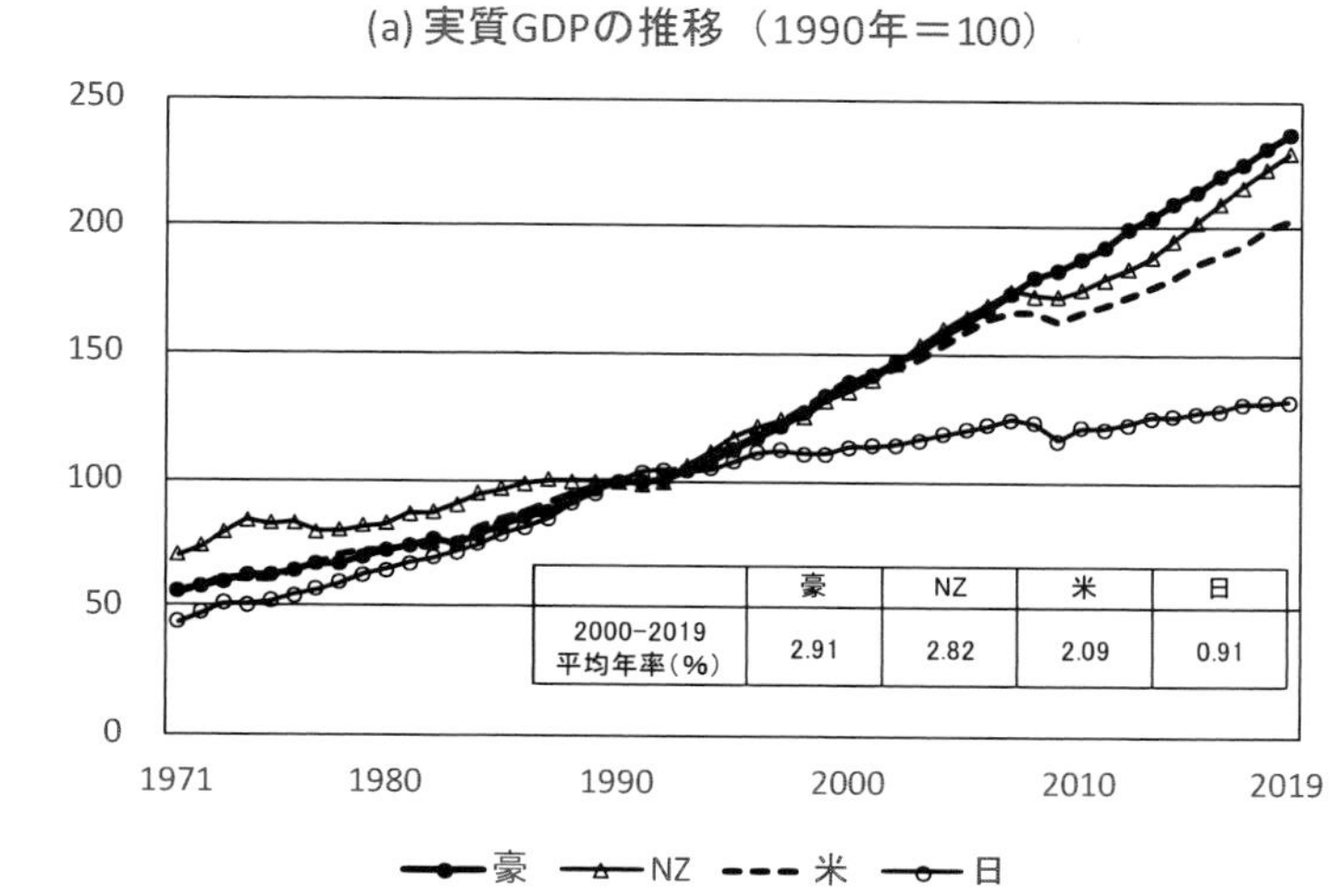

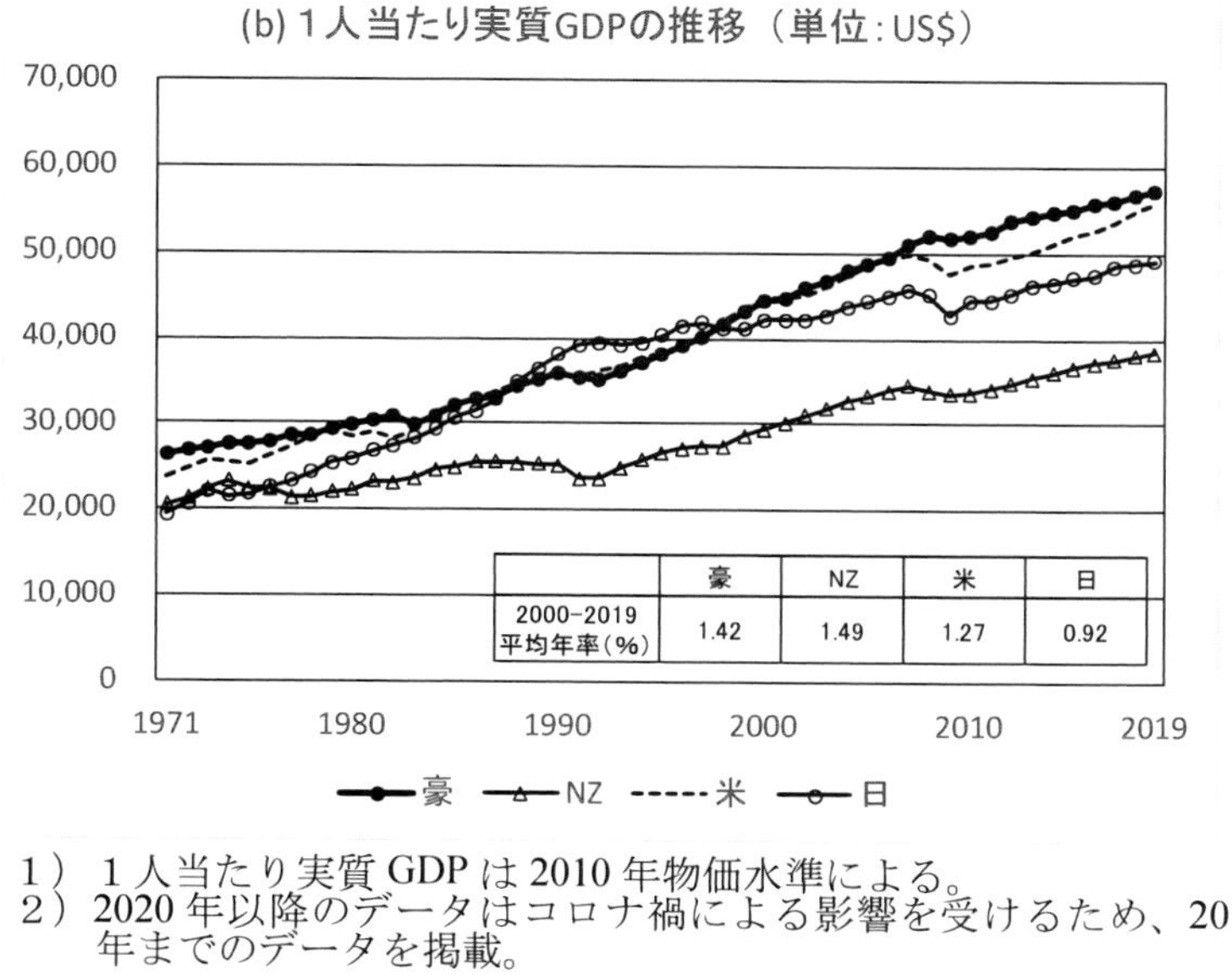

注：1）1人当たり実質 GDP は 2010 年物価水準による。
　　2）2020 年以降のデータはコロナ禍による影響を受けるため、2019 年までのデータを掲載。

資料：世界銀行 “World Development Indicators” に基づき筆者作成。

図1　豪・NZ・米国・日本の GDP の推移

農林水産業や製造業の構成比が低下し、鉱業とサービス業の構成比が上昇していることがわかる。また、製造業の中に食品加工や金属加工が多く含まれていることにも注意する必要がある。日本との関連でみると、オーストラリアのような食料輸出大国であろうと、日本のような食料輸入大国であろうと、農林水産業の対ＧＤＰ比率は極めて低いことが特筆される。

このように、輸出では農産物と鉱産物という一次産品が主力部門であるが、国内での付加価値や雇用という面ではサービス業が大部分を占めている。同時に、オーストラリアの人口の大部分は沿岸部に立地する各州の州都に居住している。これは、州都に農業や鉱業の輸出業務を支えるサポーティングインダストリーが立地し、さらにそのオフィス機能やオフィスワーカーの生活を支える雑多なサービス業が都市に集積していることを示している。

今から四〇年前、未来学者ハーマン・カーン氏はトーマス・ペッパー氏との共著『オーストラリアは大丈夫か』を著した。当時は日本経済がバブルではない絶頂期であり、日本は重化学工業から自動車や家電に代表される加工組立型産業へと転換し、これを韓国や東南アジア諸国が追い、中国が近代化を始動し始めていた時期である。そこで、オーストラリアの資源輸出先が日本からそれらの新興工業国へと転換することも十分に予見できた。カーン氏は、表紙にビーチでビールを飲み中表紙に資源採掘場の写真が採用されている同書において、オーストラリアの進路として、

①現状維持社会。
②オーストラリア式の福祉および娯楽指向型社会の早期出現。大体において脱工業化の社会。
③現在の保護主義にくらべ、より選択的で、効果的な“改良された”あるいは十分に配慮された保護主義をとるオーストラリア。
④主として自由市場の競争原理により重点をおき、また同時に移民受け入れ率を増大することによって達成される、明らかによりダイナミックなオーストラリア。

の四形態を想定し、「白人が多数を占めるとともに、比較的人口の少ない、豊かな、都市型の、スポーツ愛好の、また組合に組織された国でありつづけるであろう」現状維持を選択する可能性が最も高いと指摘した。

カーン氏の予測は残念ながら外れ、製造業の比重も大きく低下したことから、その後のオーストラリアは、②の脱工業化と④のダイナミック・オーストラリアをミックスしたような方向に進んできたと思われる。ただ、「脱工業化」という場合に、どのような社会も需要構造の変化と、製造業の新興工業国への移転を反映してペティ・クラークの法則どおり第三次産業の比重が圧倒的に高くなる傾向を持つため、その内訳が事務労働であるのか、リチャード・フロリダ氏の『クリエイティブ都市論』が「クリエイティブ・クラス」と称する人的資本であるのかを識別することが課題として残る。

さらに、一般的には一次産品輸出による経済発展は需要の壁に突き当りやすいため望ましい戦略とはされず、人口が少なく国内市場の狭いオーストラリアのような国では東アジア諸国で経験された輸出指向型工業化が望ましいとされる。この通説に反して、なぜ一次産品輸出型のオーストラリア経済が今まで破綻することなく発展することが可能であったのか、既に製造業での発展を迂回してサービス業中心の経済となっているものの、この点も解明すべき課題として残る。

三、オーストラリアの経済発展とウクライナ危機

オーストラリア建国記念日は一月二六日である。アーサー・フィリップ総督率いる囚人を乗せた一一隻のイギリス船団が現在のシドニー・サーキュラー・キーに相当するシドニー・コーヴに上陸した一七八八年の当日である。当時、アメリカがイギリスから独立し、イギリスは新たな流刑植民地を探していたのである。

その頃、オーストラリア国土の形状は未だわかっておらず、一八〇三年のフリンダースの回航によって、ようやく同国が一つの大陸あるいは大きな島であることが確認された。さらに内陸部への踏破は一八一三年のブルーマウン

テン越えを待たねばならなかった。これによって、内陸部に半乾燥の広大な平原が発見された。この地域は大鑽井盆地と言われ、井戸を掘ると塩分を少し含んだ地下水が湧き出るため、穀物生産には適さないが牧畜は可能である。一八二〇年代以降、ここにスペイン原産のメリノ種の羊が導入されたことが「羊に乗ったオーストラリア」の始まりである。これに続いて「スクウォッター」[1]の内陸部への進出が進み、大規模な牧羊経営が形成されていった。このあたりの事情は、一八二〇年代からアパラチア山脈を横断するカンバーランド道路開通によって西部開拓が大きく進んだアメリカの歴史に通じるところがある。

オーストラリアにおける小麦の主要生産地域は、ニューサウスウェールズ州とヴィクトリア州における大分水嶺山脈の縁に沿った地域と西オーストラリア州南西部の沿岸地域である。一九世紀後半に鉄道網の拡張によって小麦の生産が増加し始め、さらに、第二次世界大戦後にスノーウィ・マウンテンズ計画によって大規模灌漑が可能になり、マメ科牧草類を輪作体系に組込んだ混合農業が導入され、小麦牧羊地帯が形成された。小麦の生産量は降水量によって大きく変動するが、生産額は概ね農林水産業の一二〜一五％を占める。輸出の面でも小麦は羊毛、牛肉、砂糖と並んで農林水産物の中で主力四品目を形成するが（図二）、近年には輸出品目の多角化が進み、ミナミマグロやロブスター等の水産物やワインの輸出も増加している。

オーストラリアの小麦は世界市場の中で重要な位置を占め、東南アジア諸国や中国、日本へと輸出されている。また、日本にとっても米国、カナダに次ぐ主要な輸入元であり、うどんだけではなくパンやパスタなど多くの用途に使われる。とくに、うどんの原料となるのはＡＳＷ（Australian Standard White）銘柄であり、西オーストラリア州における生産が多い。同州の小麦作は一〇〇〇ヘクタールを超える粗放的な大規模経営が主流であり、菜種やルービンとの輪作体系が組まれている[2]。ただ、オーストラリアの輸出に占める日本の比率が約五％であるのに対し、日本の輸入に占めるオーストラリア産の比率が約二〇％と高く、日本にとっての重要性が極めて高い。

ウクライナ危機に際しては、侵攻するロシアによって黒海からの販路を封鎖されたウクライナ産小麦の輸出が困難となった。ウクライナの小麦輸出先は南アジア、アフリカ、トルコ等の購買力に制約のある国々が多く、北アフリカ

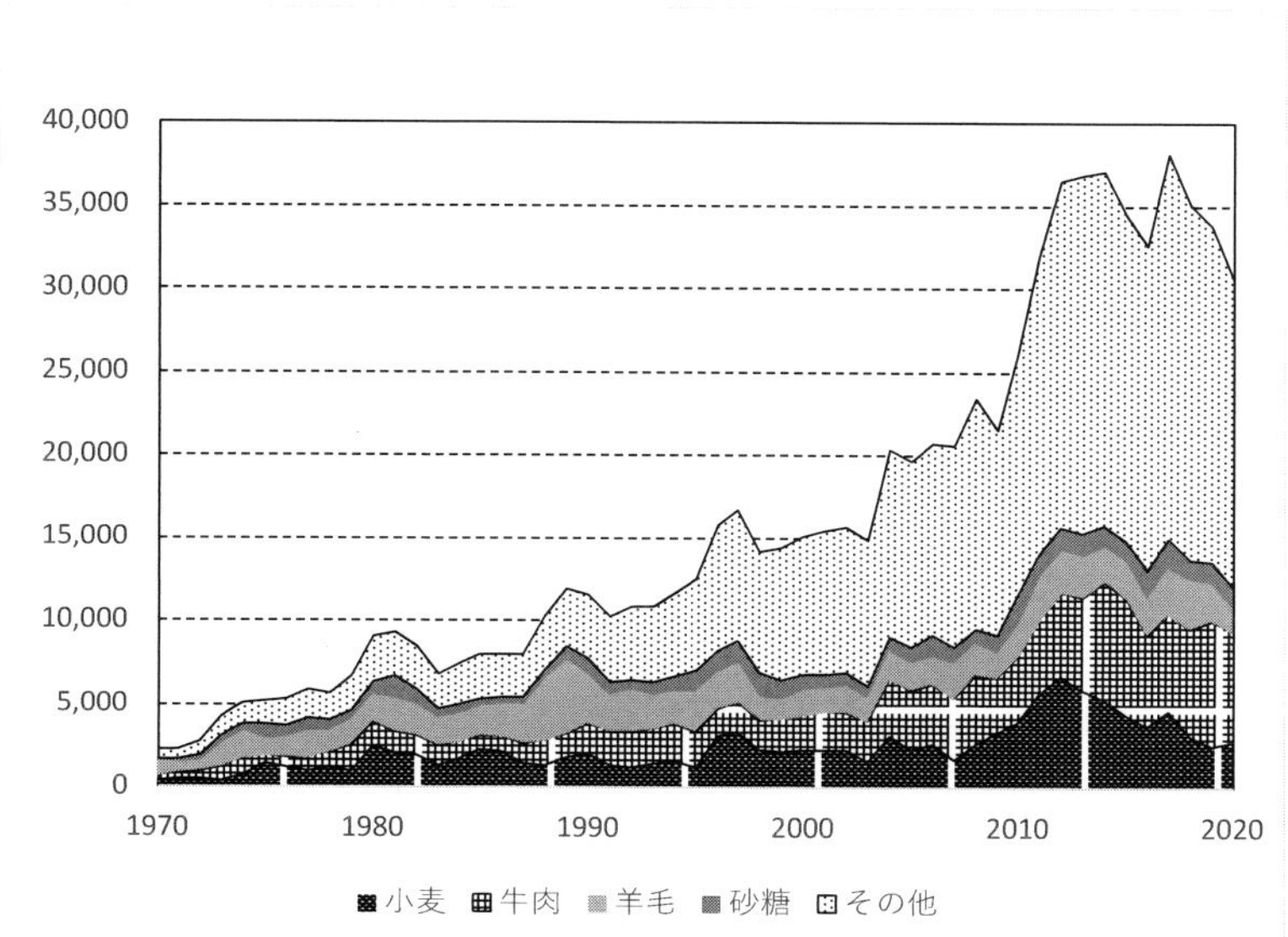

注：「農林水産物」は「食料」や「羊毛」の他、「飲料」、「飼料」等も含む。
資料：FAO "FAOSTAT" に基づき筆者作成。

図２　オーストラリアの農林水産物輸出

諸国では二〇一一年に始まる「アラブの春」がパンの値上がりに起因としたことを連想させ、二〇二二年三月八日には小麦国際価格の指標であるシカゴ先物相場がブッシェル（三五・二四リットル：二七・二キログラム相当）当たり一三ドルを突破、過去最高値をつけた。また、同年五月一三日にはインドが食料安全保障の観点から小麦の輸出を停止した。その後、アフリカを中心とする一六億人が飢餓に直面するとの国際的な懸念が高まっている。

第二次世界大戦後に農業と並んで輸出が拡大した分野として鉱業部門、とくに鉄鉱石が特筆される。化学繊維におされて羊毛の輸出が鈍るなかで、日本経済と製鉄業の急速な発展はオーストラリア鉄鉱石との間に補完関係を築いた。とくに西オーストラリア州のマウント・ニューマン鉱区は有名である。オイルショックによって日本経済が重化学工業化から自動車や家電に代表される加工組立型産業へと産業構造を転換する中で、中国が社会主義体制から四つの近代化を推進する開放経済へと舵を切り、鉄鉱石の

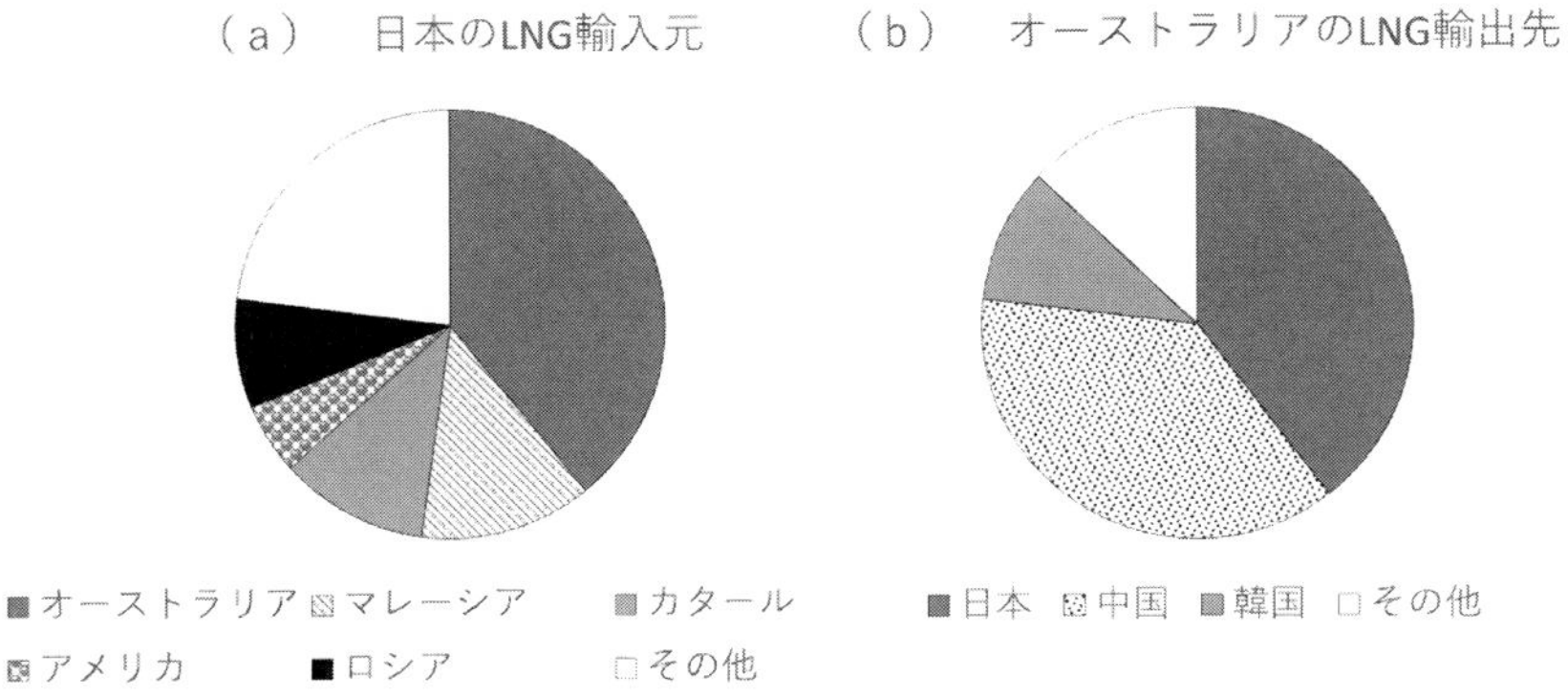

資料：資源エネルギー庁「エネルギー白書 2021」および GIIGNL（International Group of Liquefied Natural Gas Importers）Annual Report 2020 “The LNG industry” に基づき、筆者作成。

図３　日豪の LNG 輸出入（2019 年）

新たな巨大市場が出現した。これが「ラッキーカントリー」と言われる所以である。

ウクライナ危機においては、ロシアから欧州諸国への天然ガス供給がストップされることが懸念され、二〇二二年初頭に多くのＬＮＧ運搬船が欧州に向かった。また、対ロシア制裁として、ロシアと欧州を結ぶ天然ガスパイプラインであるノード・ストリーム２の承認手続きが停止となり、欧州の天然ガス価格は急騰した。天然ガスは燃焼時にCO_2（二酸化炭素）を石炭や石油ほど排出しないため、化石燃料の中ではＳＤＧｓ（持続可能な開発目標）により適合したものとなっている。

この天然ガスをパイプラインが届かないところに輸出するためには、マイナス一六〇度に冷却し、体積を六〇〇分の一に縮小して液化する。オーストラリアは西オーストラリア州の北西部沖合ゴーゴン地区に有力な埋蔵量がある。また、日本企業のＩＮＰＥＸ（国際石油開発帝石ホールディングス）が開発に加わるプロジェクトとして、西オーストラリア州ブルーム沖でのイクシスプロジェクトがあり、そこで掘削されたガスを北部準州ダーウィンに送り液化・輸出している。

オーストラリアはカタールと並ぶＬＮＧの主要輸出国であるが、シェールガス開発が進むアメリカの輸出量が急速に追い上げている。生産国のシェア変化が大きいため、日本の輸入元も変動しており、かつてはインドネシアとマレーシアが上位二カ国であったが、近年にはオーストラリアとカタールがその位置を占め、オーストラリアから約四割を輸入している。一方、オーストラリアの輸出先は日本をはじめとするアジア諸国が大部分であり（図三）、二〇二一年には中国が首位となった。

以上で見てきたように、食料やエネルギーといった生存に不可欠な基礎資源の自給率が極めて低い我が国にとって、オーストラリアはその弱点を補ってくれる非常に有り難い存在である。ちなみに、日本の食料自給率はカロリーベースで三七％、エネルギー自給率は一一％と極端に低いが、ＧＤＰ一単位を生み出すために要するエネルギーはイギリス、ドイツと並んで世界でトップクラスである。

四、水素社会実現に向けてのオーストラリア

必需品を多く産出するオーストラリアは政治的にも安定しており、世界経済から見ると貴重な存在であるが、世界がＳＤＧｓを掲げて持続可能な、とくにＣＯ２等の温室効果ガス排出削減に向けた取り組みを進める中で、石炭やＬＮＧのような化石燃料の輸出に依存し続けることは得策ではない。そこで、次世代のエネルギー源としての水素に着目したい。

今、エネルギーの面から持続可能な社会を目指す一つの方向として「水素社会」が掲げられている。水素社会とはエネルギー源を化石燃料から水素に完全に置き換えようというものではなく、エネルギーの主要供給源の一つに水素を組み込もうとする考え方であり、その代表例が水素エンジンや水素燃料電池を搭載した水素自動車の普及である。ちょうどトヨタ自動車が水素燃料電池を搭載したＭＩＲＡＩや既存のエンジンを軽微な改良で使用できる水素エンジン搭載車を開発し、岩谷産業が水素ステーションを設置し始めている。水素エンジンはその動力源として、オーストラリアの褐炭から生産された水素を川崎重工業の水素運搬船で日本に運んできたものを使用する予定である。

つい数年前まで、自動車の燃費と言えば日本車が世界最高であり、ハイブリッド車が世界市場を席巻していた。と

ころが、自動車からのＣＯ２排出ゼロを目指すということで、ＥＵが二〇三五年までに完全な電気自動車（ＥＶ）シフトを進める、しかもＥＶにはハイブリッド車を含めないという方針を示した。これはハイブリッド車の技術開発で大きく先行する日本の自動車産業に対する欧州の挑戦でもあった。発電から生じるＣＯ２には目をつぶって、自動車から排出されるＣＯ２のみに着目した技術規格であった。いずれ太陽光発電や風力発電のような再生可能エネルギーによって自動車に供給する電力を賄えると読んだのであろう。

ところが、ウクライナ危機によって、再生可能エネルギーを主力としては現代社会の快適な生活を支えることが不可能に近いことが示された。そこで、自動車に関しては動力源を電力に頼るのではなく水素にシフトさせることも真剣に考えられるべきであろう。とくに、日本の場合は、仮にＥＶ化を進めたとしても。その電力を供給する発電所の能力に限界がきており、二〇二二年三月一六日に起きた福島県沖の地震によって四か所の火力発電所が停止、寒波の迫る三月二二日から二三日にかけて関東地域に電力需給逼迫警報が発令されたのであった。その後も電力使用量の多い夏場と冬場には電力供給不足が懸念されている。

宇宙開闢ビッグバンの後、水素、ヘリウム等の軽い元素が生成し、水素とヘリウムで全元素の九八％を占めたことから、水素は宇宙を構成する基本元素と言われる。ところが、現在の自然界には水素は独立の単体としては存在せず、水や石油・天然ガスのような炭化水素の成分として存在する。そこで、水素を人工的に作り出す方法として、天然ガスやメタンガスを燃焼させる方法が用いられており、その過程でＣＯ２を排出するため、この方法で生産された水素はグレー水素と称される。

二酸化炭素を排出しない方法で生産される水素にはグリーン水素とブルー水素の二種類がある。前者の代表例は太陽光発電等の再生可能エネルギーから生産する電力で水を電気分解する方法である。これは水（Ｈ２Ｏ）に電極を入れて酸素（Ｏ２）と水素（Ｈ２）に分解するもので、中学校での理科の実験でも行われている。この方法には、水素の製造過程でＣＯ２を排出しないというメリットがある一方で、水素を取り出すために電気を必要とするところが根本問題であり、エネルギーの形態が電気か水素かという問題になる。わざわざ水素に変換しなくとも、最初から電気を送電するなりバッテリーに蓄積するなりして使えばよいということである。

このグリーン水素の製造に向けて、クイーンズランド州政府の電力会社 CS Energy 社と共同で「コーガン水素実証プロジェクト」を立ち上げたのがＩＨＩ（石川島播磨重工業）である。当プロジェクトでは太陽光エネルギーを用いて水素を作り、余剰のエネルギーを電力市場に販売する[(3)]。オーストラリアは「乾燥した大陸」と言われるように、太陽光発電には適した国であり、その発電を国内向け電力と輸出向け水素生産の双方に振り向けることも可能であろう。クイーンズランド工科大学では、追尾型の太陽光発電装置でグリーン水素を作るプロジェクトも進行しており、それに参加する東京大学の試算によると[(4)]、「日本が目標に掲げる二〇五〇年に二〇〇〇万トンの水素を製造するのに約八五キロメートル四方の土地があれば、必要な電力を太陽光でまかなえる。」とのことで、オーストラリアにおける水素生産への期待が高まっている。

ブルー水素を生産する一例は褐炭からの生産である。褐炭とは植物の化石で生成後一億年未満の若い石炭であり、水分や不純物を多く含み、乾燥すると発火しやすいため輸送に適さず、多くが未利用資源となっている。その成分である炭素（Ｃ）と水（Ｈ２Ｏ）を燃焼、ガス化させることによって水素（Ｈ２）を取り出す。また、この時に排出されるＣＯ２は二酸化炭素回収貯蔵（ＣＣＳ（Carbon dioxide Capture and Storage））技術を用いて地中に貯蔵される。

オーストラリアにはこの利用価値の低い褐炭が豊富に存在しており、ヴィクトリア州ラトローブバレー地区において日本企業による実証実験「水素エネルギーサプライチェーン（ＨＥＳＣ）」が進められている。この地区には日本の総発電量の二四〇年分に相当する褐炭の埋蔵量があると言われている[(5)]。このため、同国では二〇一九年に連邦政府が国家水素戦略を策定し、産業化を進めている[(6)]。その調査報告によると、二〇三〇年に世界的な水素エネルギーの商業利用拡大が見込まれ、同国から日本に輸出される水素が日本の年間エネルギー需要の二〇％程度に相当すると見込まれる[(7)]。

予定されている水素のサプライチェーンを見ると、まず水素を生産し、マイナス二五三度まで冷却して液化水素とするところまでをオーストラリア企業の Hydrogen Engineering が担当する。このとき、水素の体積は八〇〇分の一に

写真１（左）ヴィクトリア州ラトローブ地区の褐炭田
写真２（右）神戸に帰港する水素運搬船「すいそふろんてぃあ」
(提供：Ｈｙ STRA)

縮小し、輸送効率が著しく向上する。次に、液化水素を日本へ輸出する運搬船として、川崎重工業の「すいそ　ふろんてぃあ」が二〇二〇年に竣工した。さらに、日本国内の水素ステーションを岩谷産業が担当する。この事業は二〇一六年に新エネルギー・産業技術総合開発機構（ＮＥＤＯ）の下で水素サプライチェーン構築実証事業としてスタートし、上記二社にシェルジャパンと電源開発を加えた四社が実施主体として「技術研究組合ＣＯ２フリー水素サプライチェーン推進機構(HySTRA)」を設立し、現在は丸紅、ＥＮＥＯＳ、川崎汽船も参加している[8]。

前述のように、日本では火力発電所のキャパシティに限界があり、新たに水素発電所を設置しても地震による機能停止のリスクが残る。また、太陽光、風力等による再生可能エネルギーは発電コストや安定性に課題が残る。そこで、緊急時における発電装置としての機能を有する自動車に関しては水素を燃料とする燃料電池や水素エンジンを搭載した水素自動車として生産し、オーストラリアとの連携を進めることが得策であると考えられる。水素エネルギーは、オーストラリアの褐炭から生産するブルー水素の場合には安価なコストで供給可能である。電力中央研究所によれば、二〇三〇年における褐炭由来の水素エネルギー生産コストが八～一〇円／kgであるのに対し、日本国外でのグリーン水素の生産コストは二〇～三〇円／kgと試算されている[9]。この水素が我々の手元に届くまでには、さらに液化と輸送のコストが加算される。

ここまで、自動車の動力を念頭に水素の可能性を述べてきたが、航空機においてもミドリムシ等の藻類や廃油を燃料とする持続可能航空燃料（ＳＡＦ(Sustainable Aviation Fuel)）の利用や水素エンジンの開発が進められている。ちょうどカンタス航空が二〇二五年にシドニーとニューヨークやロンドンを結ぶ直行便を計画しており、ＳＡＦの実用化が期待される。このように水素の利用可能性は広がりを見せており、「水素社会」の到来もそう遠くないかもしれない。大著『石油の世紀』でピューリッツァー賞を授与されたダニエル・ヤーギン氏の新著『新しい世界の資源地図』の言葉を借りると、「水素は将来の電源構成の中で一〇％以上を占めるプレーヤーになりうる。・・・・また、水素には地政学的な問題が絡みそうもないことも特筆される」。

地球環境変動の緩和策が急務である中で、人工光合成やＤＡＣ（Direct Air Capture）のような大気中からＣＯ２を直接回収して利用する技術が実用化されるまでは、水素エネルギーは在来型の化石エネルギーや再生可能エネルギーと並んで主要な供給源を担うことを期待できる。オーストラリア政府は二〇一九年に国家水素戦略を策定し、二〇二五年までをクリーン水素サプライチェーンを創生・試験・実証し、世界市場を拡大、価格競争力のある生産能力を構築する「基礎と実証」の段階、二〇二五年以降には産業規模を拡大し、グローバルな視点から市場を活性化させるために行動を追加する「大規模な市場活性化」の段階としている(10)。

五、移民と経済発展

オーストラリアは移民によって形成された国であり、先述のようにＧＤＰの伸びに対する移民労働力の寄与も大きい。二〇〇〇～二〇一九年にかけて、実質ＧＤＰ成長率（％）の日豪ギャップが二ポイントもあるのに対し、一人当たり実質ＧＤＰで見た日豪間の成長率ギャップは〇・五ポイントにとどまるからである。図四はオーストラリアにおける人口と労働力人口の増加数および移民数の推移を示す。同図が示すように、人口増加に対する移民の寄与度が徐々に高まる傾向にあり、近年には人口増加に対する移民の寄与度が五～六割であり、労働力人口（人口のうち一五～六四歳の者）の増加よりも移民の増加の方が多い。

移民の経済的影響に関しては多くの仮説が提示されている。まず、移民を経済学で抽象化される一般労働力（Ｌ）

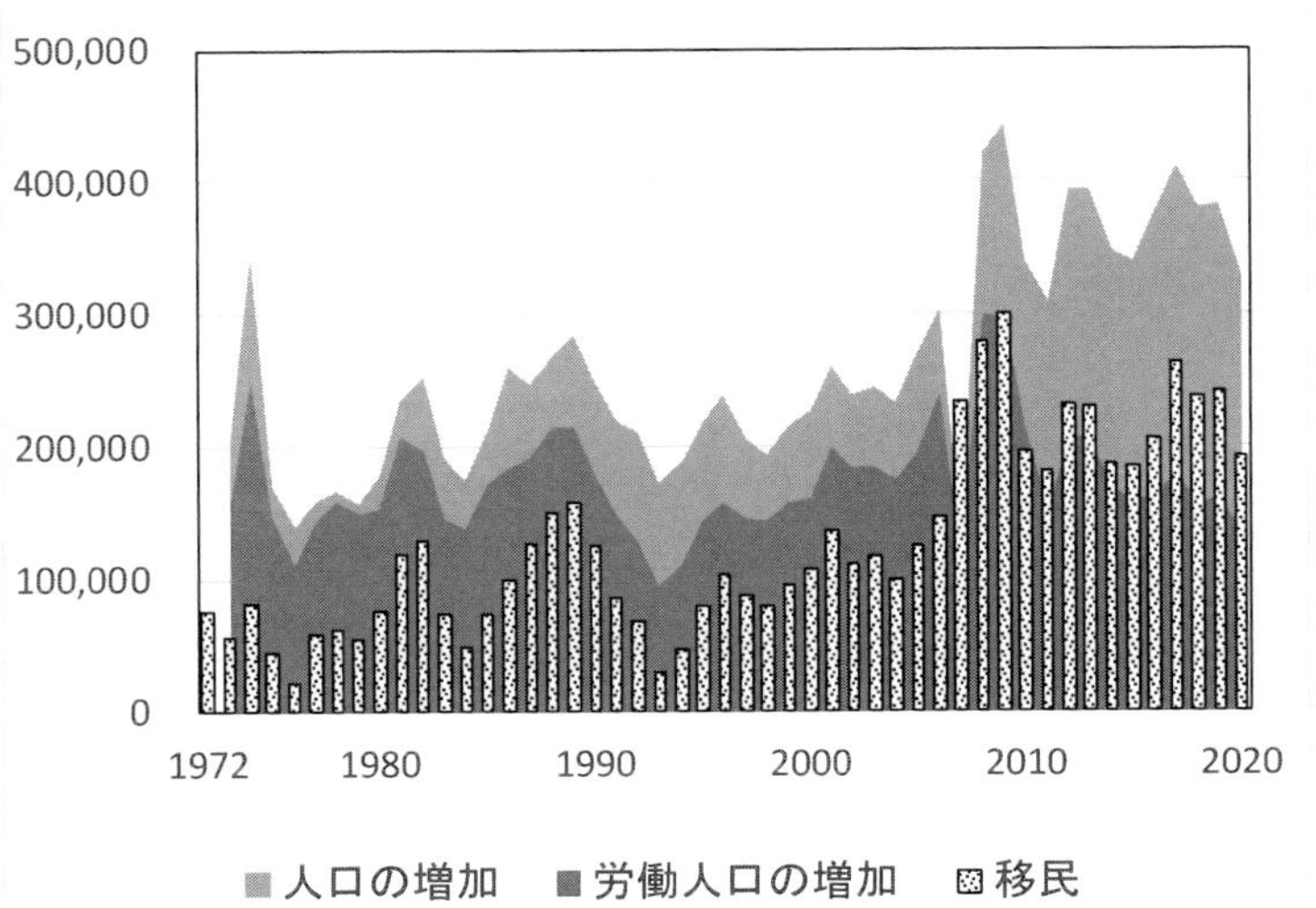

資料：移民数は Australian Bureau of Statistics の "People"、人口は同統計が 1981 年からのデータ掲載のため、World bank "World Development Indicators" に基づき筆者作成。

図４　移民と人口の増加

とみなすと、それは賃金を下落させるとともに資本収益を向上させるため、労働者階層から移民排斥運動が起きるという結論が導き出される。これとは反対に、移民が年金生活者である場合、短期的には景気拡大に寄与するが長期的には生産面での影響なし、したがって不況期にはとくに歓迎される。

　しかし、現実的には労働者は消費者でもあるため、労働者としての移民の流入は有効需要の多くを占める消費支出をも増加させ景気拡張効果も持つ。生産拡大効果と需要拡大効果のどちらが相対的に大きいのか、それは移民の質、すなわち単純労働者であるのか、技能労働者なのか、経営管理的業務に従事するのか、技術者であるのかに加えて、受入国における職種ごとの賃金や経済的ボトルネックとなっている部門によって変わってくる。

　そこで、オーストラリアが受け入れている移民の就業職種が何であるかを特定することが経済的影響を考察するうえで必要になるが、移民の出身国に関するデータや論文が豊富にあるのに対し、就業職種に関する情報は非常に限られている。二〇〇三〜二〇〇四年に実施された調査によると[11]、マレーシア人、とくに非マレー人にとっては母国で十分な英語力を身につけた後、オーストラリアで専門・技術職を獲得する有利な条件に恵まれているとのことである。ここでの「専門・技術職」とは、エンジニアだけでなく、金融、不動産、ビジネス、コミュニティ・サービス、教育、医学などの熟練や専門を必要とする分野である。また、それより古い一九九一年センサスデータの分析に基づくと[12]、アジア非英語圏からの移民は英語力の制約によって製造業部門あるいは建設業部門に就業する傾向があるのに対し、シンガポールとマレーシア生まれの移民はオーストラリア生まれの人々と類似する産業別就業構造を持っているが、それよりも公務員や金融ビジネスへの就業比率が高いとの結果が示されている。

移民の就業職種を異時点間で完全に比較することは困難であるが、ある程度比較可能なデータが存在する。表一（a）はアジアからの難民が増加し始めた一九七〇年前後の移民と移民を含む全国民の就業職種を比較したものである。これは、移民と全国民の就業者計の職種別比率を示しており、表の縦方向の合計が一〇〇％となっている。同表（b）は、多文化主義の下で技術移民が増加し始めた一九九〇年調査に基づいており、それぞれの職種について出生国別の比率を示し、表の横方向の合計が一〇〇％となっている。

その結果、一九七〇年頃のデータは、移民の方が専門職と工業熟練労働力、未熟練労働、サービス業といったブルーカラー労働力となる比率が高く、オーストラリア生まれをより強く反映する全国民は管理職、事務労働、販売労働といったホワイトカラー職種に就く比率が高いことを示す。また、一九九〇年データによると、アジア出生を含めて移民の雇用者（労働者）が全出生地平均よりも高い割合を示すのが「生産労働者」と「専門」であり、「経営管理」ではオーストラリア出生が高い割合を示している。つまり、一九七〇年頃から一九九〇年頃にかけての約二〇年間に移民とオーストラリア生まれの人々の就業職種に傾向的な変化がなかったことが伺われる。

ところが二〇一六年センサスの結果を反映する表一（c）では状況が変わり、オーストラリア生まれと海外生まれとの間で職業分布の差がほとんど見られなくなる。しかし、アジア生まれの中で、シンガポール生まれとマレーシア生まれは専門職に厚みを持ち、ベトナム生まれは労働と機械業務・運転手に、インドネシアとフィリピン生まれは労働に厚みを持つ。これは先述の二〇〇三〜二〇〇四年調査結果と整合的である。

表１　出生地と職種の比較

(a) 移民と全国民の職種構成

	移民（1960〜78年）	国勢調査（1971年）
専門職	13.2	10.2
管理職	4.0	6.7
事務労働	10.9	15.9
販売労働	3.8	8.1
農林水産労働	3.6	7.7
鉱業労働	0.5	0.6
運輸通信労働	4.6	5.6
工業熟練労働	31.1	26.2
未熟練労働	11.1	5.8
サービス労働	10.3	8.6
職業不明	6.9	4.6
計	100%	100%

(b) 職種別にみた出生地 (1990 年)

	オーストラリア	非オーストラリア	うち、アジア	計
	(1990年調査)			
経営・管理	77.47	22.53	2.78	100%
専門	68.60	31.40	7.47	100%
準専門	72.52	27.48	5.03	100%
トレーズマン	72.26	27.74	4.65	100%
事務	76.81	23.19	4.76	100%
セールス・サービス	80.00	20.00	1.99	100%
オペレータ・運転手	65.19	34.81	8.00	100%
生産労働者	64.70	35.30	9.45	100%
計	72.37	27.63	5.49	100%

表（a）
出展：小島清・日豪調査委員会編『豪州経済ハンドブック』.
原典：Australian Immigration,Consolidated Statistics, No.10, 1978.

表（b）
資料：駿河輝和「オーストラリアの移民と賃金」（注 13）に基づき筆者が簡略化。
原　典：Australian Bureau of Statistics, “1990 Survey of Income and Housing Cost and Amenities” の個票

(c) 出生別にみた職種構成 (2016 年)

	オーストラリア国民計	オーストラリア生まれ	海外生まれ	「海外生まれ」の内訳					
				シンガポール	マレーシア	ベトナム	インドネシア	フィリピン	中国
専門職	22.6	21.4	25.7	40.9	41.6	16.2	24.7	11.4	28.2
事務および管理	13.8	14.5	12.4	14.7	13.5		14.7	12.7	11.3
技能・貿易業務	13.8	14.2	12.8		8.1	13.4		13.2	11.4
経営	13.2	13.5	12.7	13.0	12.2				13.7
公務員	11.0	11.0	11.1	8.9	8.2	11.6	11.0	14.6	
労働	9.6	8.9	11.2			18.0	14.6	18.1	
販売労働	9.5	10.4	7.6	7.2			9.7		10.6
機械業務・運転	6.4	6.2	6.6			10.8			
計	100（%）	100（%）	100（%）						
計（実数）	10,497,692	7,191,186	3,176,712						

表（c）
注：表中の数値未記載の部分はゼロではなく、原典に未記載。
資料：Australian Bureau of Statistics “2016 Census Country of birth QuickStats” に基づき筆者作成。

このように、移民の就業には英語力や専門技術・技能が大きく影響していることが伺われる。そこで、移民の類型や選考システムの変遷を見てみたい。塩原（二〇二〇）(14)によると、一九七八年から「人道上の難民」と「それ以外の移民」が別枠となり、非英語系・非白人系の移民が急増することとなった。難民以外の移民も「技術移民」と「家族呼び寄せ移民」に区分され、後者は受け入れに伴う社会的コストが大きいため抑制される傾向にある。さらに、「技術移民」の受け入れに際しては、本人のスキル、資質や経歴に基づくポイント・テストによる審査によるものか、オーストラリア国内の雇用主が就労を保証するものかという区分がある。興味深い指摘としては、同国の人口が都市部に集中していることを緩和させるために、一定期間地方で就労することを要件とする種類の永住ビザが活用されたが、実際に地方に残ろうとする者は多くはないとのことである。したがって、技術移民の多くが都市在住の第三次産業従事者ではないかと推測される。

次に移民数の動向について、浅川（二〇一二）(15)に詳細が記述されている。まず、移民の区分別に見ると、一九九一年以降、「人道移民」と「家族呼び寄せ」移民数が概ねコンスタントに推移するのに対し、「技術移民」が増加傾向にあり、近年では六割を超えている。さらに「技術移民」の内訳に関しても一九九六年から二〇〇八年にかけて「ポイント・テスト」による移民数が増加したが、それが必ずしも雇用に結びつかなかったため、その後は「雇用主推薦型」の方にシフトしている。

以上で見てきたように、移民の出身国と英語能力と専門性の間に高い相関があり、どの要素がどの職種に直結して経済に寄与しているかを判定することは困難である。しかし、「技術移民」が増加傾向にあることから、移民労働の「質」は向上しているものと推測される。そこで、統計データから逆算して、国際競争力の高まっている部門を移民が多く就業していると考えられるサービス産業の中から推測したい。

オーストラリアのサービス貿易は概ね収支均衡に近い状態にある。その主要部分を占めるトラベル・サービスは一九九〇年頃から黒字基調にあり、輸入額に対する輸出額は一・二倍程度である（図五）。トラベル・サービスの中でも教育に関するサービス（教育費等）はとくに黒字拡大基調であり、二〇一〇年以降には輸出額が輸入額の一〇〇倍

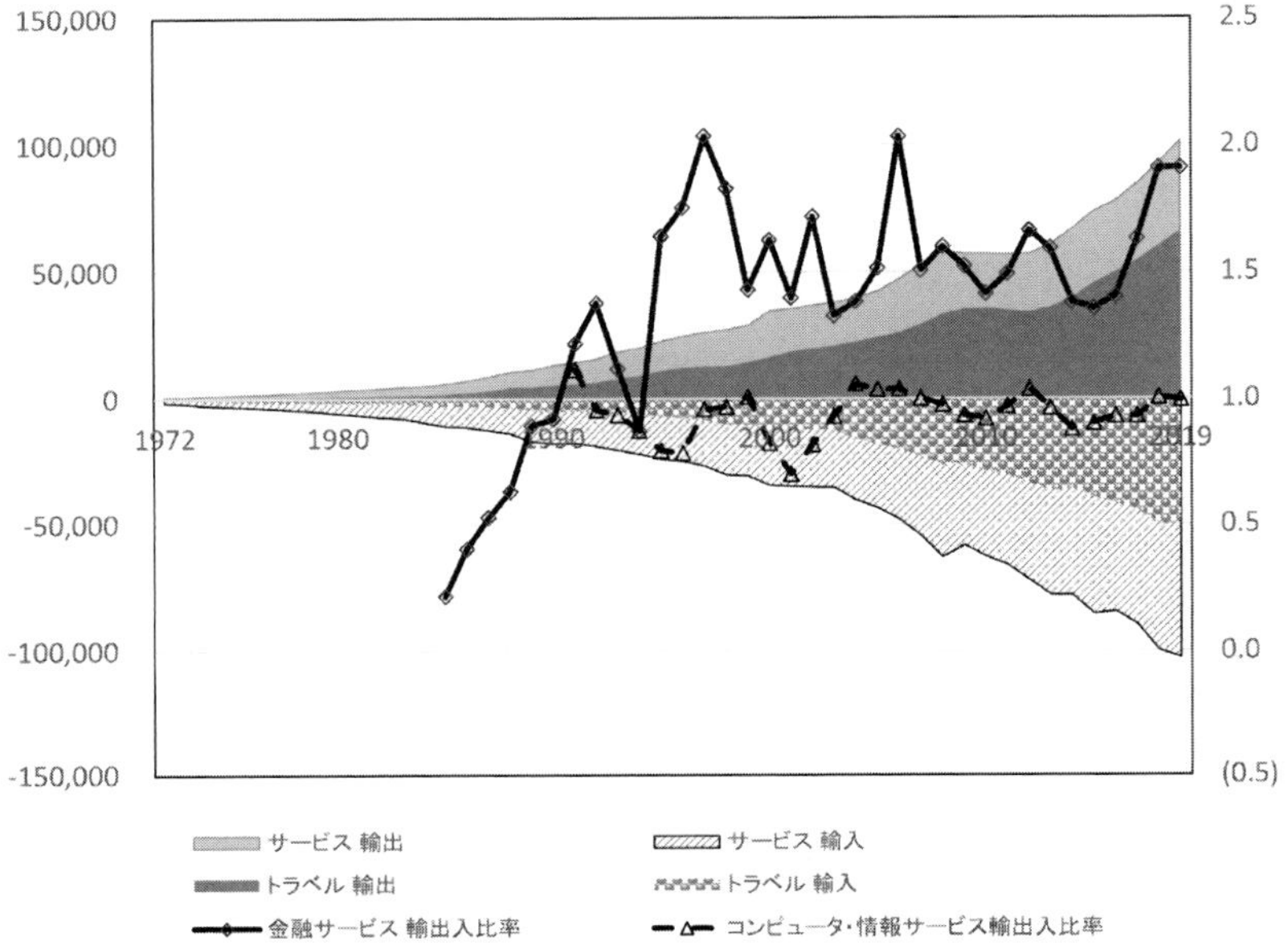

資料：Australian Bureau of Statistics "International Trade" に基づき、筆者作成。

図５　サービス貿易の動向

以上となる年次も散見される。これを裏付けるようにオーストラリアの大学は教育面での評価指標を用いたＴＨＥ世界大学ランキング（二〇二一年）のベスト一〇〇に六校も入っている。

サービス産業の中のハイテクセクターである金融サービス部門の貿易額は金額的には少ないが、一九九〇年代後半から黒字基調である。同じハイテクセクターのコンピュータ・情報サービスでは赤字の年次が多く、競争力を発揮しているとは言い難い。しかし、赤字比率は縮小傾向にあり次世代の産業競争力を決すると言われる量子コンピュータの分野では、大規模集積化に適し高温でも動作可能なシリコン量子ビット方式の量子コンピュータを開発するSilicon Quantum Computing のような企業[16]や脳細胞で意識を持つ人工知能の開発を行うコーティカル研究所[17]があり、今後の躍進を期待できる。

六、まとめ

二〇二二年二月二四日に始まったウクライナ危機に際しては、オーストラリアは食料や天然ガスといった一次産品供給国という従来からのイメージで注目を浴びた。今後はこの延長線上での発展として、水素の供給国としてSDGsや水素社会を担う役割も期待される。

しかし、新たな発展方向として、多様性に満ちた人的資源を活かす方向も見え始めている。オーストラリアはかつて白豪主義を掲げ、移民の出身国は欧州であることが多かったが、ベトナム戦争後のインドシナ難民の受け入れを契機として、多文化主義を標榜している。前述のように、移民の形態を技術移民に重点を置いて受入数を増やす傾向にあり、経済的にも大学教育や金融などサービス産業の一部で競争力を高めた分野が現れている。

オーストラリアはカナダやアメリカと同様に移民の国である。移民について、都市の荒廃や再生についての視点を『アメリカ大都市の死と生』等の著作を通じて投げかけてきたジェイン・ジェイコブズ氏は、「アメリカは『るつぼ』といわれるように、すべての人がアメリカ人として同化されるという考え方があります。一方、カナダは『モザイク』という考え方をもっています。様々な色や形をしたたくさんの破片が全体として一つの模様をつくっていることにたとえられる社会です。」と述べている[18]。また、多文化主義の一形態として、かつてオランダの社会学者J．S．ファーニバルが植民地時代下の東南アジアを観察して、社会を構成する複数の集団が「共通意思」や「共通文化」を持たず別々に併存する「複合社会」であると述べた。

これからオーストラリアが「複合社会」ではなく「るつぼ」あるいは「モザイク」に向かうのか、今まさに人的資本としての移民パワーが発揮されようとしており、同時に超大国アメリカのパワーに陰りが見え始めた。アメリカの低下したソフトパワーの一翼を担うが、小アメリカではないオーストラリアとして、移民の増加が移民への反発を招くことなく多文化主義を破壊しない方向で移民受け入れ政策の運用を期待したい。

注

(1)「スクウォッター」とは元来、不法占拠者という意味であるが、オーストラリアでは一八四〇年までには内陸部の大規模な家畜所有者を意味する単語となった（山本（二〇〇〇）の第三章）。

(2)関根久子・齋藤陽子・Yamamoto M.「豪州における小麦生産の実態と特徴」、関東東海北陸農業経営研究、一〇九号、三十三〜四十一頁、二〇一九年。ルービンとはマメ科の作物である。

(3)ＩＨＩの広報 web site「オーストラリアでカーボンフリー水素の製造・販売を目指す「コーガン水素実証プロジェクト」の検討を CS Energy と共同で実施」（二〇二一年二月三日）
https://www.ihi.co.jp/ihi/all_news/2020/resources_energy_environment/1197000_1601.html

(4)日本経済新聞記事「ニュースな科学　プロジェクト最前線　再生エネ由来グリーン水素を輸入」（二〇二二年四月一八日）。

(5)川崎重工業の広報 web site「Kawasaki Hydrogen Road」
https://www.khi.co.jp/hydrogen/

(6)ＪＥＴＲＯビジネス短信「連邦政府が水素産業の現状を報告（オーストラリア）」（二〇二一年一二月一三日）
https://www.jetro.go.jp/biznews/2021/12/a640edfc1ad20294.html

(7)ＪＥＴＲＯ調査レポート「オーストラリアにおける水素産業に関する調査」（二〇二一年三月）
https://www.jetro.go.jp/world/reports/2021/01/82b3276826014c69.html

(8)今村雅人「日本の実証プロジェクト①　海外の未利用褐炭の利用」（今村（二〇二〇）の第九章）。

(9)西美奈・山本博巳・竹井勝仁「再生可能エネルギーを用いた電解水素の経済性」、電力中央研究所報告、一〜一七頁、二〇二〇年。

(10)COAG Energy Council "AUSTRALIA'S NATIONAL HYDROGEN STRATEGY" 二〇一九年。

(11)石井由香「「社交クラブ」を越えて　アジア系専門職移民のエスニック・アソシエーション活動」（石井由香・関根政美・塩原良和（二〇〇九）の第二章）。

(12)小保内弘子「オーストラリアにおけるアジアからの移民の労働市場活動」、明治大学短期大学紀要、六四、一〇一〜一三二頁、一九九九年。

(13)駿河輝和「オーストラリアの移民と賃金」、オーストラリア研究、第九号、三十四〜四十三頁、一九九七年。

(14)塩原良和「移民・難民の受け入れと支援」、(関根政美・塩原良和・栗田梨津子・藤田智子編著(二〇二〇)の第九章)。
(15)浅川晃広「オーストラリアにおける近年の技術移民政策　「選別」と「就労」の関係を中心に」、オーストラリア研究、第二五号、七十三〜八十七頁、二〇一二年。
(16)ASCII STARTUP『量子コンピュータ最新動向』セッションレポート　「巨大市場を目指す量子コンピュータ開発競争に乗り遅れるな」、二〇二二年一月七日。https://ascii.jp/elem/000/004/078/4078498/
(17)日本経済新聞二〇二二年一月九日、「Spectrum NIKKEI Asia」
(18)玉川英則「逆通読　ジェイン・ジェイコブズ」(別冊 環二二『ジェイン・ジェイコブズの世界』、藤原書店(二〇一六)に掲載)。

参照文献

石井由香・関根政美・塩原良和『アジア系専門職移民の現在』、慶應義塾大学出版会、二〇〇九年。

今村雅人『水素エネルギーの仕組みと動向がよ〜くわかる本』秀和システム、二〇二〇年。

カーン H.・ペッパー T.『オーストラリアは大丈夫か』、サイマル出版会、一九八〇年。

経済産業省資源エネルギー庁『エネルギー白書 2021』、二〇二一年。

小島清・日豪調査委員会編『豪州経済ハンドブック』、日本経済新聞社、一九八一年。

関根政美・塩原良和・栗田梨津子・藤田智子編著『オーストラリア多文化社会論』、法律文化社、二〇二〇年。

竹田いさみ・森健・永野隆行編『オーストラリア入門(第2版)』、東京大学出版会、二〇〇七年。

山本真鳥編『オセアニア史』、山川出版社、二〇〇〇年。

NEDO(国立研究開発法人新エネルギー・産業技術総合開発機構)『再生可能エネルギー技術白書(第二版)』、二〇一四年。

共生への道標
―日本とオーストラリアの比較から学ぶ野生動物と人の在り方

水野哲男

一、はじめに

「地球は青かった」。一九六一年に世界初の有人宇宙飛行に成功したユーリイ　ガガーリン宇宙飛行士により、初めて宇宙から見た地球の姿が伝えられた。その美しい惑星は約四十六億年前に誕生し、それから八億年の時を経て約三十八億年前に地球上で初めての生命が生まれたと考えられている。その後、諸説はあるが、オルドビス紀末、デボン紀末、ペルム紀末、三畳紀末、白亜紀末に起こったとされる五度の生物大量絶滅などを経験しながらも生物は進化を続けた。

この地球という一つの惑星の限られた環境の中で、現在約八百七十万種（うち海洋では約二百二十万種）の真核生物[1]が存在していると推定されている。そして、実にそれらの生物の八割以上（海洋では九割以上）が未だ確認されていない種と考えられている。さらに、真核生物には含まれない細菌や古細菌（いずれも原核生物[2]）に至ってはその種の数を測定することすら難しいとされるほど多様であると考えられている。そして、それらの様々な生物が繊細に影響し合い、時には広範な、また時には局所的な生態系を形成し、健全な自然環境の維持に深く関わっている。すなわち、この「種の多様性」は地球環境の維持に欠かせない重要な要素である。言うまでもなく、人もその多様な生物種の一種類であり、生態系の一部を構成している。

しかし、近年この「種の多様性」に非常に危惧される状況が起こっている。六度目の生物大量絶滅が始まっている可能性が指摘されているのである。十八世紀後半からイギリスで起こった産業革命。そこから現在に至るまで驚くべき速度で発展を遂げてきた工業や科学技術。しかし皮肉なことに、この産業革命を機に生物の絶滅は劇的に増加した。人は、自らの欲望や利便性のみを追求することが、いかにこの地球の健全な環境を傷つけてきたかを感じ始めている。そして、世界では人と自然のより良い共生の道がどこにあるかを見つけようとする意識が社会に少しずつ浸透しつつある。しかし、日本においてはこのような意識が社会に芽生えにくいように感じる。本稿では日本とオーストラリアにおける人間社会と自然や野生動物の関りを比較し、その違いがどのような意味を持つかを検討することにより、特に「人と野生動物のより良い共生」について考察する。

尚、本稿のタイトルに「共存」ではなく「共生」を使った。その理由は、「共存」が単に二つまたはそれ以上のものが同時に存在したり生存することを表すのに対し、「共生」は互いに密接に影響し合いながら生きている、まさに地球上の人、野生生物、自然の関係を表すからである。

二、六度目の生物大量絶滅の可能性

生物大量絶滅とは地球に生息する全生物種の七十五パーセント以上が短期間に失われることである。先にも述べたように、過去に五度の生物大量絶滅が起こったとされるが、ハワイ大学マノア校海洋地球科学技術学部 (University of Hawaii at Mānoa, School of Ocean and Earth Science and Technology) のコーウィ (Cowie.) らは、現在六度目の大量絶滅が始まっている可能性を指摘した。さらに、これまでの五回の大量絶滅がいずれも隕石や大規模火山噴火など自然現象に原因するものであったのに対し、現在進行しているかもしれない大量絶滅は、森林破壊や地球温暖化など直接的または間接的に人の活動に起因していると警鐘を鳴らしている (Cowie, R. H., *et. al.*)。

このコーウィらの指摘の根拠は、現在までにしばしば生物の絶滅の判定の指標に使用されている、国際自然保護連合 (International Union for Conservation of Nature and Natural Resources (IUCN)) が発表する絶滅の恐れのある野生生物のリスト、すなわちレッドリスト (IUCN Red List of Threatened Species) が、一部の生物種において不十分であり、実際の全ての生物の実態を反映していないということである。具体的には、このリストでは鳥類や哺乳類の現在知られている種はほとんど評価されているが、無脊椎動物においては全体のほんの一部の種しか評価されておらず、大きな偏向が見られると指摘している。例えば、コーウィらは、あくまで既知の情報からの大胆な推測として、現在知られている生物種が生物分類上二番目に多く属する軟体動物門では、西暦一五〇〇年以来この動物門で知られている約二百万種のうち七・五から十三パーセントに当たる十五万から二十六万種がすでに絶滅した可能性があるとしている。しかし、レッドリストでは〇、〇四パーセントの八百八十二種しか挙げておらず、実態に程遠い可能性がある。

さらに、メキシコ国立自治大学 (National Autonomous University of Mexico) のセバロス (Ceballos) と、その共同研究者、スタンフォード大学 (Stanford University) のエーリック (Ehrlich)、カリフォルニア大学バークレー校 (University of California, Berkeley) のバーノスキー (Barnosky) らは、現在確認されている約四万五千種の脊椎動物の内、二十世紀の百年間に実際に記録に残る絶滅種数のみで四百七十七種であり、これをバーノスキーの推定した自然発生による絶滅数（百年当り九種）と比較し、現在の世界の生物絶滅速度は、自然発生による絶滅速度の最大で約百倍に達していると結論付けている (Ceballos, G., *et. al.*)。このような指摘や試算により、主に人の活動に起因する地球環境の変化から、六度目の生物大量絶滅がすでに始まっている可能性が示唆されている。

三、野生動物に迫る危機

前章でも述べたように、人の活動に関わる原因で六度目の生物大量絶滅が始まっている可能性が指摘されている。ここですべての原因に言及することは不可能であるが、主なものだけでも、生息地の破壊、地球温暖化とそれに伴う異常気象、海洋のプラスチックごみなどの問題が挙げられる。近年、重要な環境問題の一つとして取り上げられている海洋のプラスチックごみ問題に関しては、すでに「サステイナビリティ・サイエンスとオーストラリア研究」（オセアニア出版社）の中の「海洋環境のごみ問題とオーストラリアのごみ処理の現状」で考察した。よって、この章では生息地の破壊による問題と、地球温暖化とそれに伴う異常気象の問題が野生動物にどのような影響を与えているかを考えてみたい。

野生動物の生存にとって生息地は不可欠である。しかし、都市や住宅の開発などによりその生息地が破壊され、急激に減少している。オーストラリアを例にとると、多くの固有動物種がユーカリの森に依存し、生息地としている。代表的な動物はコアラである。オーストラリアのアイコンとも言われるこの動物にとってユーカリはその葉が餌になるだけではなく、天敵から身を守り、安全に子供を育てるまさに命を育む場所である。しかし、そのコアラが生息数の著しい減少により、二〇二二年二月にクィーンズランド州、ニューサウスウェールズ州、オーストラリア首都特別区において国内絶滅危惧種に指定された。この減少に最も影響している原因として、土地開発のためのユーカリの伐採に伴う生息地の減少が挙げられる。コアラを含む多くの野生動物は生息地に自らの縄張りを持っていることが多く、森が伐採されてしまってもそこを離れようとしない。そして餌や隠れ場所を探して彼らにとって危険な場所である地上を徘徊することにより、交通事故や他の動物（主に人がオーストラリアに持ち込んだ犬、猫、キツネなど）からの攻撃に遭遇し、多くが命を落としている。

さらに、一つの生息地が開発によりできた道路や住宅によって分断され、生息地の断片化が起こっている。多くの場合、断片と断片の往来ができなくなり、一つの狭い断片内で少数の雄と雌が繁殖を繰り返すことになる。その結果、近親交配による先天性奇形や虚弱体質などの障害を持つ子供が生まれる確率が高くなり、その地域での種の存続に影響する場合がある。よって、野生のコアラでも遺伝的多様性を確保するため断片の一つに生息する雄から精子を取り、他の断片に生息する雌に人工授精を施さなくてはならないような事態が起こっている。

また、ユーカリの森には木に開いた洞、すなわち樹洞、を重要な住処にしている小型野生動物や鳥類が多い。グレータータグライダー[3]のように季節や目的（繁殖など）に応じていくつもの樹洞を住み分ける動物もいる。グレーターグライダーは体長が約四十センチメートル、尾の長さは五十センチメートルに達するものもいる。この動物の入ることができる樹洞の大きさは容易に想像できるが、このような大きな洞がある木はほとんどが古い大木で、開発時に安全面から伐採の対象になることが多い。しかし、オーストラリアではユーカリなどの木にその大きさの穴が開くのには一〇〇年以上の年月がかかる場合が多い。その理由はオーストラリアにはキツツキ科の鳥が生息しておらず、木の幹に樹洞が開くきっかけになる傷を付けたり、小穴を開けたりする動物があまりいないからである。よって、一旦このような大木が伐採されると、その後ユーカリの苗の植林を行っても一〇〇年以上にわたりこれらの動物たちが住める森には戻らないのである。

次に、近年人間社会にも様々な影響を与えている地球温暖化とそれに伴う異常気象は、地球上に生息するほぼすべての野生動物へ直接的または間接的に何らかの影響を与えていると考えられる。例えば、温暖化は直接的にウミガメの種の存続を危うくしている。ウミガメの雌は特定の砂浜に穴を掘って産卵し、砂をかけて立ち去る。卵は砂の中で太陽光により一定期間温められ、やがて孵化する。ウミガメの雌雄の決定メカニズムは温度依存的性決定[4]といわれ、砂の中の卵が温められた温度により性が決定される。約摂氏二十九・一度を境に、それ以上の温度で温められた場合はほとんどが雌、それ以下の場合はほとんどが雄となる。通常、親ガメが産卵のため掘る穴は六十から七十センチメートルの深さがあり、そこに一〇〇個以上の卵を産み落とす。その場合、下部にある卵は太陽光の熱が届きにくく低めの温度で温められ、上部は太陽光の熱が届きやすく高めの温度で温められる。よって、下部の卵からは雄が、上部の卵からは雌が多く生まれる。また中間部は雄雌の数が拮抗している。これにより、自然界のウミガメの雌雄のバランスが保たれてきた。

しかし、温暖化により穴の下部の卵まで摂氏二十九・一度以上で温められると、生まれるウミガメはほとんどが雌になる。世界で有数のウミガメの産卵地である大西洋の島国、カーボベルデ共和国（Republic of Cabo Verde）において、薄い色の砂の砂浜（太陽光を反射し砂の温度が低め）、と濃い色の砂浜（太陽光の熱を吸収し砂の温度が高め）で孵

種類	推定頭数
哺乳類	1億4300万頭
鳥類	1億8100万頭
爬虫類	24億6000万頭
両生類	5100万頭

表一
二〇一九年後半から二〇二〇年初めまで続いたオーストラリア大森林火災により、死亡、火傷、生息地を失うなど何らかの影響を受けた野生動物の推定種類別頭数
（出典：世界自然保護基金 オーストラリア）

化したウミガメの性別比の概算が二〇一四年に発表された。薄い色の砂浜では、雌が七〇・一パーセントであったのに対し、濃い色の砂浜では雌が九三・四六パーセントを占めた (Laloë, J. *et.al.*)。また、二〇一八年の世界自然保護基金 オーストラリア (World Wide Fund for Nature Australia (WWF Australia)) の発表によると、オーストラリアのグレート・バリア・リーフ（大堡礁）で孵化したアオウミガメの雌雄の比は雄一頭に対し、少なくとも雌一一六頭であった。この傾向が続けば、種の存続が困難になることは明らかである。

また、温暖化や異常気象は自然環境や野生動物にさらに甚大な影響を与える場合がある。二〇一九年後半から二〇二〇年の初めまで続いたオーストラリア大森林火災では、日本の国土の約半分に匹敵する面積の森林が焼失し、世界自然保護基金オーストラリアによれば、実に三十億頭ほどの野生動物がこの火災により死亡、火傷、生息地を失うなど何らかの影響を受けたと推定されている（表一）。この中には先に述べたコアラも約六万頭が含まれており、現在オーストラリアにおけるコアラの推定全生息数の半数近くが影響を受けたことになる。この影響を受けた野生動物たちの中には、政府や民間の献身的な救護活動により、一命を取り留め、怪我から回復したものも多くいる。しかし問題は、今回のような巨大で、すべてを焼き尽くしてしまうような山火事では、森が再生されるまでに何十年以上もかかることもあり、回復した動物たちが帰る場所がないのである。

本来、自然界において山火事は健全な生態系の維持に重要な要素である。下草が焼け、一部の木は焼失するが、大木は樹皮が焼ける程度で生き残るような適度の山火事が一定期間で繰り返されることにより、日光が地上まで届き、風通しもよくな

り、焼けた草などにより土壌が改善され、森の活力が再生される。しかし、この度の大森林火災を含む近年の山火事は、激烈で巨大化し、大木を含むすべてを焼き尽くしてしまう傾向にある。この原因として考えられているのは温暖化による気温の上昇と、異常気象による激しい干ばつである。実際に、二〇一九年の大森林火災時は、オーストラリアの年間平均降水量が観測史上最も少なく大気が乾燥していたうえに、平均気温が観測史上最も高かった。それにより、森には山火事の燃料となる大量の枯れ草が溜まり、また、木々も水分が少なく、一旦火が付くと急速に燃え広がり、制御が困難な大森林火災へと発達したのである。

四、オーストラリアと日本における野生動物保護の在り方

前章までは、野生動物のおかれた厳しい現状をいくつかの例を挙げて考察してきた。この章では、オーストラリアと日本における自然や野生動物と人との関りを比較することにより、両国の野生動物保護の在り方を検討する。

「共生か、隔離か」　オーストラリアを訪れる日本人の多くが、野生動物と人との距離の近さに驚く。オーストラリア第三番目の都市、クィーンズランド州の州都ブリスベン市は人口が約二五〇万人で大阪市に匹敵する。筆者は市の中心から車で約二〇分の距離に住んでいるが、家の庭では毎日のようにワラビー(5)、コカトゥー(6)、キングパロット(7)、ウォータードラゴン(8)などが見られ、周囲を散歩すると時にコアラに出会うことがある（写真一、写真二）。言うまでもなく、これらの動物はすべて野生である。はたして、大阪市の中心から車で二〇分の距離でこれだけの野生動物が人家の庭で見られるだろうか。もちろん、この違いには人口密度、住宅環境、地形、動物種など様々な要因が関係していると考えられるが、その中でもおおきな要因は国や社会の考え方や方針の違いにあるのではないだろうか。

オーストラリアでは、自然環境を人と野生動物が分け合って共生する意識が強い。人が家を建て、そこに住むようになる以前から、野生動物たちはそこを住処とし、その生態系の重要な一部であるからである。都市の商業的中心地を除いて住宅地や郊外では、「Land for Wildlife」のサインを門などに付けている住宅をよく見かける（図一、写真三）。

写真一
筆者の家の庭で見られる野生動物、左上:ワラビー、左下:コカトゥー、右上:キングパロット、右下：ウォータードラゴン
（出典：オーストラリア日本野生動物保護教育財団）

写真二
人家の近くにも生息する野生のコアラ
（出典：オーストラリア日本野生動物保護教育財団）

右　図一　クィーンズランド州のLand for Wildlifeのサイン
（出典：Land for Wildlife）
左　写真三 クィーンズランド州のLand for Wildlifeのサインを掲げている家
（出典：オーストラリア日本野生動物保護教育財団）

これは、州政府、地方自治体、市民団体などの協力の下、会員の個人住宅の庭の自然を残し、固有の野生動物が住める環境を維持することが主な活動である。野生動物はペットとして飼育するのではなく、自然の中で生きることが最も幸せだと考える人が多く、国の方針としても、特別な場合を除いて野生動物を飼育することは法律で禁じられている。しかし、このように人が自然と近い距離で生活することによる問題もある。例えば、オーストラリアは世界でも有数の毒へビの種類や数が多い国である。世界で最も強い毒を持つとされるインランドタイパン(9)や、毒の強さと攻撃的性格からインランドタイパンより危険とされているイースタンブラウンスネーク(10)など、咬まれたら直ちに治療を受けても命を落とす可能性のある毒へビが多く生息する。筆者の自宅の庭でもイースタンブラウンスネークが時々見かけられる。この国ではこのような危険な野生動物とも共存するがゆえに、その動物の特徴や危険を避ける方法を子供のころから様々な機会に学ぶ。学校でもそのような機会があるし、また自然環境や野生動物に関する教育を仕事にしている業者もあり、子供の誕生日会などに合わせて業者に依頼し、会に集まった子供たちが楽しみながらそれらについて学ぶこともある。身近にいる野生動物や自然環境について学ぶことにより、多くの人がそれらに興味を持ち、ひいては自身が野生動物と環境を分け合って生きている、すなわち共生という意識が芽生えやすい。

先に触れた、猛毒のヘビ、イースタンブラウンスネークが筆者の家に入り込んだことがある。そのような場合、オーストラリアでは毒ヘビの扱いの訓練を受けた業者（有料）やボランティア（無料の場合が多い）が各地に居り、連絡すれば夜中でも捕獲に来てくれる。そして、捕獲したヘビを人家から離れた場所で自然環境に放してくれる。このような危険な動物でも、オーストラリアの固有種であれば殺処分をすることはない。理由は、そのような動物でも地域の健全な生態系を維持するのに重要な存在だからである。

一方、日本では古くから人と自然の在り方において「里山」という概念がよく用いられる。里山とは自然の山林などに人が手を加え、人が自然から多くの恵みを受けながら生産活動などに活用している地域を指す。かつてはその里山を挟んで一方が「都」、すなわち人の生活の場所、もう一方が「山」、すなわち人の近づけない神や精霊の住む場所と考えられてきた。近年、神や精霊の住む「山」という概念は変化しつつあるものの、いまだに「里山」は人間社会と自然や野生動物の生息域の間の緩衝地帯、言い換えれば自然や野生動物を人間社会から隔離する境界線の役割を担っている。このように、日本における人と野生動物の関りの基本的スタンスは隔離である。よって、東京や大阪などの都市圏で生活する人は日常野生動物を目にすることも、それを気に留めることもほとんどないであろう。そのように自然や野生動物から隔離された環境では、人は野生動物の危険にさらされることはほとんどなく、それに関して学ぶ必要もなければ、危険や共生の道を考える必要もない。そのような人間社会に突然野生のサルやシカが出没すると、人々はどのように対処してよいか見当がつかず滑稽なほど慌て、警察官まで動員して捕獲しようとする。人々の目にはこのような野生動物は危険で人間社会を乱す害のある存在として映るであろう。そして、そのような敵対する感情からは、野生動物を慈しみ、共生しようとする気持ちは育ちにくいのではないだろうか。

「学問か、社会活動か」　日本における野生動物保護をみると、一部で政府や地方自治体、また野生動物保護団体などが特定動物種を対象に活動を行っているが、多くの場合、大学など研究機関による調査研究活動となっている。また、その調査研究活動も多くは農作物などの獣害を減らすために行われ、動物自体を守るために実施される場合は調査対象動物が世界にも広く認知され、国の特別天然記念物にも指定されているイリオモテヤマネコなどごく限られた

写真四　野生動物を事故から守るための道路標識－“REPORT INJURED ANIMALS PHONE 1300ANIMAL”の表示がある。
（出典：クィーンズランド州政府環境保護局）

種となっている。そして、調査研究活動で得られた情報は研究者や専門家の間で共有されるのみで、社会に広く周知されることは非常に少ない。よって、一般の市民が野生動物保護活動に接し、さらに参加する機会は非常に少ないと思われる。

一方、オーストラリアでは野生動物を車の事故から守るための道路標識をよく見かける。特定の動物種（例えばコアラ）の生息地を知らせる標識もあるが、各地で最も一般的にみられるものは「REPORT INJURED ANIMALS PHONE 1300ANIMAL」、すなわち「怪我をしている動物を見たら一三〇〇・・・・・・へ電話してください」である（写真四）。この電話番号は野生動物救護のコールセンターへつながり、必要に応じて野生動物の為の救急車や救護車が出動し（写真五）、人の救急車と同様、病気や傷ついた動物を収容して野生動物専門病院へ移送する。このような野生動物救急車は州政府、地方自治体、野生動物保護団体などが中心となり、多くの市民ボランティアも協力し運営さ

写真五．コアラ救護車
（出典：イプスイッチコアラ保護協会）

れており、通常無料でサービスを行っている。

野生動物専門病院へ移送された野生動物はそこで必要な処置を受けるが、ペットのための一般の動物病院とは異なり、ここも通常治療費は無料となっている。この野生動物専門病院も様々な組織が運営しているが、代表的な組織はイギリスで設立され、広く欧米で活動している非営利慈善団体の王立動物虐待防止協会 (The Royal Society for the Prevention of Cruelty to Animals (RSPCA))[11]である。この組織はオーストラリア国内でも各州で活動を展開しており、クィーンズランド州においても各地に施設を持っているが、その一つアールエスピーシーエー　ブリスベン　ウェイコール (RSPCA Brisbane Wacol) 内にはペット専用動物病院、野生動物専用動物病院、リハビリ施設、飼育できなくなったペットや牧場動物（馬、牛、羊、山羊、豚、アルパカなど）の養子縁組施設などがあり、動物用救急車や救護車の運営も行っている。そして、クィーンズランド州のみで約四〇〇名の職員と五〇〇〇名を超える一般市民や学生のボランティアが動物の世話、啓発活動、組織運営など日常業務に携わっている。

さらに、病院を退院してもリハビリが必要な野生動物は、自然に戻れるまでトレーニングを受けた野生動物ケアラーが面倒を見る。また、事故などで親を亡くした野生動物の孤児たちもケアラーによって自然界で自立して生きていける年齢になるまで育てられる。まだ授乳期の幼い孤児の場合は、昼夜の区別なく二〜三時間おきに授乳や排泄の世話が必要になる。オーストラリアではこのようなケアラーはほとんどが個人のボランティアで、政府などからの補助もなく、動物のミルク代やその他の飼育費用を自ら負担して世話をしていることが多い。オーストラリアの野生動物保護や救護はこのケアラー達の献身的な活動、すなわち「市民の草の根活動」によって支えられているといっても過言ではない。

もちろん日本と同様、オーストラリアでも大学や研究機関で自然環境や野生動物に関する調査研究を行っている。しかし、日本との違いは、オーストラリアではこのような調査研究の結果を、メディアなどを通じて広く社会に公表している点である。さらに、野生動物保護や救護の様々な段階で、多くの一般市民や学生がその活動に参加していることである。日本での環境や野生動物の保護活動が限られた専門家の調査研究、すなわち学問の段階で止まっているのに比べ、オーストラリアではこの学問で得られた情報や知識の多くが社会に還元されることによりこの分野への社会の関心が高まり、多くの市民が参加する社会活動にまで発展している。

「人間主体か、動物主体か」　これは野生動物だけではなく、ペットや牧場動物も含めた動物全体に関わる問題であるが、オーストラリアと日本の両国とも、飼育者が何らかの理由で飼育できなくなったり、飼育放棄や虐待されたペットや牧場動物（日本の場合はほとんど犬猫のみ、オーストラリアは牧場動物もしばしばみられる）を一時的に収容し、新しい飼い主を探す組織がある。日本の場合は、各地の地方自治体が管轄する保健所やその管轄下の動物愛護センターが主な役割を果たしている。オーストラリアでは先にも触れた王立動物虐待防止協会が中心的な活動を行っている。この両国の組織は公的（保健所）と非営利慈善（王立動物虐待防止協会）の違いがあるが、それ以上に、その活動目的が大きく異なる。

日本の保健所は一九三〇年代に地域住民の健康や衛生を支える公的機関として各地に設置された。その業務の一つに野犬や野良猫の収容管理および殺処分、里親の募集業務がある。すなわち、「人間社会の安全や公衆衛生的な観点から、社会に害を及ぼすと思われる動物を一か所に収容し、人を守る」という目的で業務を行ってきた。その一〇〇年近い歴史の中で、動物愛護センターの設置など動物の保護に向けた若干の変革はあったものの、基本的には人間社会を守るための組織という目的は変わっておらず、日本において現在も飼育ができなくなったり、飼育を放棄され捨てられたペットの主な引き取り施設として全国で運営されている。その為、議論はあるものの、未だに一定期間収容された動物に引き取り手が見つからないなどの理由から、二〇二〇年でも全国で年間二四〇〇〇頭近くの犬や猫が殺処分されている。

オーストラリアでは、固有の野生動物に深刻な危害を与えるフェラル　アニマル (Feral animals)、すなわち、かつて人が海外から持ち込み飼育下にあったものが野生化した動物（犬、猫、キツネ等）は政府機関が淘汰の対象として捕獲している。しかし、何らかの理由で飼育ができなくなったり、飼育を放棄され捨てられたペットや牧場動物を一時的に収容し、新しい飼い主（里親）を探す活動は、先に触れた王立動物虐待防止協会などが全国的に行っている。

一八二〇年代の設立当初からこの協会の活動目的は「人から不適切な飼育や虐待を受けた動物を人から守る」ことである。よって、引き取られた動物たちは必要に応じて治療やリハビリを受け、里親を探すことになる。日本のように収容後一定期間で殺処分を受けることはなく、里親が見つかるまで世話を受ける。施設内で収容ができない場合は、外部に多くのボランティアのケアラーがおり、動物を自宅に引き取って里親が見つかるまで世話を行う。また、この協会には動物に対する不適切な飼育や虐待などを調査する部門もあり、連絡が入ると調査官が現地で状況を調査する。この調査官には動物に関して警察官に近い権限が与えられている。例えば、調査の為に強制的に住宅や施設内に入る権限、虐待の事実が判明した場合に強制的に動物を飼い主から引き離し収容する権限、そしてそのような飼い主を告訴する権限などである。昨今、日本の人間社会において親の育児放棄や虐待による児童の死亡などの痛ましい事件をよく耳にする。このような児童を守る第一の窓口は各地の児童相談所であるが、その職員でさえ警察官立ち合いでないと児童宅へ入る権限がない。これと比べると、オーストラリアでいかに動物の権利や福祉が重要視されているかが分かる。

このように保健所と王立動物虐待防止協会は里親探しなど類似の活動を行っているにも拘らず、その目的は一八〇度異なる。さらに特記すべきは、王立動物虐待防止協会では、オーストラリア全体でおそらく数万人の市民や学生ボランティアが業務支援を行っているが、日本において、保健所の野犬収容施設や動物愛護センターで一般市民ボランティアが日常業務を手伝っている事例はほとんど聞いたことがない。また、王立動物虐待防止協会のクィーンズランド州支部のみで運営に年間約五〇〇〇万オーストラリアドル（約四五億円）の費用がかかるが、政府からの補助はわずかで、その九五パーセント以上が市民や企業からの金銭的、物的、人的支援（寄付など）によって賄われていることである。このように多くの市民が運営に参加することで組織の運営の透明性が確保されやすく、また、運営資金のほとんどが市民や企業の寄付で賄われることは、この協会の活動が社会からいかに高い支持を受けているかを物語っている。

五、共生への道標

冒頭で、「日本では人と自然のより良い共生の道がどこにあるかを見つけようとする意識が社会に芽生えにくいように感じる。」と述べた。その主な根拠は第四章で論じたオーストラリアと日本の野生動物保護の在り方の違いによるものである。その違いとは一言で言えば「オーストラリアでは人々の意識の中に野生動物の存在があるのに対し、日本では野生動物の存在自体が多くの人々の意識から欠如している。」ということではないだろうか。この章では、人と自然や野生動物とのより良い共生を探るための道標について考えてみたい。

より良い共生を考える第一の道標は「理解」ではないだろうか。先にも述べたように、日本において人間社会の安全を確保するため、野生動物を隔離する傾向にある。また、人間社会に迷い込んだ野生動物を、労わるよりむしろ悪者として扱う傾向にある。この第一の道標の「理解」とは、まず我々が生活環境を分け合っている人間社会の隣人達、すなわち野生動物達、の存在を理解し日頃から意識することである。

第二の道標はこの隣人たちの存在を「尊重」することだと思う。この地球に生息する生物は各々が様々な活動をすることにより何らかの影響を環境に与え、生態系の微妙なバランスを維持することに寄与している。例えば、地球上の人を含む好気性生物(12)にとって不可欠な大気中や水中の酸素の多くは、陸上の植物や水中の海草類、植物性プランクトン、藻類などにより産生されている。もし、気候変動や汚染などによりこの自然界における酸素産生が減少し大気中の酸素濃度が低下すると、相対的に二酸化炭素濃度が上昇する。そして、その環境下では好気性生物の存続が難しくなると考えられている。このような人類の存続にも拘る恩恵をもたらしてくれる隣人たちの存在を「尊重」することは同じ環境を分け合って生きていくために重要であると考える。

第三の道標は「慈愛」である。本稿第二章で六度目の生物大量絶滅の進行の可能性について言及した。また、第三章で自然環境やそこに生息する野生動物たちに迫る危機について具体例を示しながら解説した。そして、それらの状況を生み出した原因のほとんどが直接的または間接的に人の活動が起因している点を指摘した。車にはねられ頭部が潰れてしまったコアラ、人の捨てた釣り糸が絡んで片翼が壊死してしまったペリカン、牧場の境界に張られた鉄条網に引っ掛かって翼が完全に破れてしまった大コウモリなど、その被害を挙げればきりがない。人が自らの欲望や利便性を追求することによってもたらされたこのような状況に対し、被害を受けた野生動物達に「慈愛」の手を差し伸べるのは当然の事であろう。

そして第四の道標には「謙虚」を挙げたい。人は科学を手に入れ、それを発達させることにより様々な自然現象のメカニズムを解明し、その原理を人の生活向上のために利用してきた。近年、合成生物学の分野では科学における究極の課題の一つともいえる人工的生命の創造に多くの科学者が取り組んでいる。この科学の発達は確かに人類に多くの恩恵をもたらし、その繁栄を支えてきた。だが一方で、この発達が多くの人の心の中に人は地球を制御する力を持ち、万物の霊長として地球を支配しているかのような慢心した気持ちを植え付けてしまったのではないだろうか。しかし現実は、これも人間の活動に起因すると考えられているが、気候変動により我々の想像を超える巨大化した台風や大雨などに見舞われ、それを有効に防ぐ手立ても乏しく多くの犠牲をだしている。また、頭脳も持たず、電子顕微鏡でしか見ることもできないほど微細で、宿主の細胞を利用しなければ増殖もできない新型コロナウィルスの感染症でも、現在確認されただけで全世界において六五〇万人以上の人が命を落とし、人々の生活や経済など様々な活動が二年以上も著しく妨げられてきた。このような極端な異常気象や新興感染症によるパンデミックは、現代の科学をもってしてもその想定をはるかに超えた状況を作り出した。筆者はこのような人の想定を超えた現象は、地球環境が許容できる範囲を超えた人類による自然環境破壊が引き起こしていると考えるのである。そして、このような現象は形を変え、また場所を変えていつでも起こりえる。これらの事実は現在の人類の能力や知識の限界を示しているように思われる。我々人間はそれをよく認識し、度を越した我が物顔な振る舞いを見直さなければならないと考える。すなわち、「謙虚」な姿勢で自然や地球の同居者たちに対するべきではないだろうか。

この地球の環境を健全に保つ重要な要素の一つは生態系の保全であり、それに不可欠な生物多様性の維持である。

筆者はその多様な生物たちと人がより良い共生を続けるために、この「理解」、「尊重」、「慈愛」そして「謙虚」が重要な道標になると信じてやまない。

六、おわりに

今日も澄み渡った空に朝日が輝く早朝の我が家の庭では、野生のワラビーがのんびり草を食み、大型のオウムであるコカトゥーは群れを成して飛び回っている。実に心の和む風景である。ただ、同時にこの見慣れたいつもの風景がいかに脆弱で、人類が英知を結集しなければすぐに消えてしまう幻ではないかとも強く感じる。人はそれぞれ社会で生きていくための自らの義務と責任を学び、それを守って生きてきた。しかし、なぜ自然に対してはこれほど無責任だったのだろう。我々は地球やその自然に対しても同じように義務と責任を果たすべきではないだろうか。この我が家の見慣れたいつもの風景を、次世代の人々も、その次の世代の人々も優しい気持ちで眺められることを心から願うものである。

注

(1) 真核生物（Eukaryote）とは、その生物を構成する細胞の中に核膜に包まれた細胞核を持ち、有糸分裂を行う。動物、植物、菌類、原生生物が含まれる。

(2) 原核生物（Prokaryote）とは、細胞核や膜結合細胞小器官（ミトコンドリア、ゴルジ体、リボソーム、小胞体など）を持たない細胞からなる生物で、細菌と古細菌が含まれる単細胞生物である。

(3) オーストラリア東部のユーカリの森に生息する夜行性の有袋類で三種が属する。通常、樹上で生活し、複数の樹洞を巣にしている。ムササビのように滑空膜を持ち、木と木の間を滑空する。グレーターグライダーは、オーストラリアでこのような滑空膜を持つ有袋類中で最も大きく、体長は約四〇センチメートル、尾の長さは五〇センチメートルを超えるものもいる。

主食はユーカリの葉や蕾。

(4) 温度依存的性決定とは、卵の孵化温度により性が決定される機構で、性染色体を持たないワニ、多くのカメ、一部のトカゲなどで見られる。一方、人のように性染色体の組み合わせにより性が決まることを遺伝的性決定という。

(5) オーストラリアに棲息する有袋類のカンガルー科に属する動物。カンガルーやワラルーよりも小型で体重が約二五キログラム以下の種を指し、約三〇種が属する。

(6) 学名は *Cacatua galeria* でオウム目オウム科に属する大型のオウム。全身が白い羽毛で覆われ、黄色の冠羽を持っている。オーストラリアの北部から東部にかけて広く分布する。

(7) 学名は *Alisterus scapularis* でオウム目インコ科に属するインコ。雄は頭部から胸部が鮮やかな赤色で他の部分は緑色、雌は腹部が赤く他は緑色をしている。オーストラリア東部に生息している。

(8) 学名は *Physignathus lesueurii* で有鱗目アガマ科に属するトカゲ。体長約七〇センチメートルで、体全体は灰色をしており、黒い横縞がある。特に雄では背面から尾にかけてトサカ様の鱗が発達している。オーストラリア東部に生息している。

(9) 学名は *Oxyuranus microlepidotus* で有鱗目コブラ科に属する毒ヘビ。平均的な体長は約一・八メートル前後だが、二・五メートル近くになるものもいる。ヘビとしては世界で最も強い毒（ニホンマムシの約八〇〇倍の毒性）を持つとされているが、性格は臆病でおとなしい。オーストラリア内陸部の乾燥した地域に生息している。

(10) 学名は *Pseudonaja textilis* で有鱗目コブラ科に属するヘビ。体長は通常一・五メートル位であるが、二メートルを超すものもいる。体の色は様々である。インランドタイパンに次ぐとされる猛毒（ニホンマムシの約五五〇倍の毒性）を持っており、性格も攻撃的で非常に危険である。オーストラリア東部、中央部、ニューギニア南部に生息している。

(11) 一八二四年にイギリスで設立された世界で最初の動物福祉を目的とした慈善団体。一八四〇年に王立の認可が下り、活動は欧米を中心に拡がる。

(12) 酸素を利用した代謝機構を持つ生物。これらの生物は細胞が呼吸を行う過程で酸素を利用し、糖や脂質を酸化してエネルギーを得る。ほとんどすべての動物、真菌類、細菌の一部（好気性細菌）が含まれる。

参照文献

Cowie, R.H., *et. al. The sixth mass extinction: fact, fiction or speculation?* (Biological Reviews, 2022, 97, pp. 640 - 663)

Ceballos, G., *et. al. Accelerated modern human - induced species losses: Entering the sixth mass extinction*, (Science Advances, 2015, Vol 1, Issue 5)

Laloë, J. *et.al. Effects of rising temperature on the viability of an important sea turtle rookery*, (Nature Climate Change, 2014, 4, pp. 513-518)

二一世紀の課題に応答するマイノリティ作家の文学
──リア・パーセルの「家畜追いの妻」アダプテーションを中心に

加藤めぐみ

一、はじめに

新型コロナウィルスの世界的感染拡大は、多くの国や地域と人びとに影響を及ぼし、社会を不安定化させ、以前から潜在していた諸問題を顕在化させるきっかけとなった。パンデミック下での人の移動と境界の問題、ワクチンの普及にみられた国や地域間の不平等、物流や経済活動が停滞するなかでの貧困問題、その背景にある環境問題の影響などが深刻化し、その解決策が問われている。ここに見られたのは人びとのあいだの格差であり、イデオロギーの違いに関わらず強者がそのシステムを先行させる一方で、その負担や犠牲を強いられる弱者の存在だった。

パンデミックに関わらず二〇世紀以前から、弱者の側にあるマイノリティへの排他主義、歴史認識の相違、格差の拡大、土地や資源、環境に関わる世界的諸問題は増幅し、それが二一世紀にも引き継がれ、グローバル資本主義、新自由主義やネオコロニアリズム、さらにはこのコロナ禍の影響で深刻さを増している。その現状を見つめなおしコロナ禍後の人間と社会の在り方を再考する必要があることは言を俟たない。

オーストラリアの文学は、社会の多文化化と複合民族共存の在り方を反映し、さまざまな課題を社会に問いかけてきた。一九七〇年代にいわゆる白豪主義が終焉し多文化主義が政策として施行されて以降、先住民アボリジナルの存在に加え非白人系移民や難民流入で社会の多元化が進むと、「マルティカルチュラル・ライティング」と呼ばれるマイノリティによるジャンルが形成された[1]。例えばウジャルー・ヌナクルやマドルールーらをはじめとする先住民による作品の多くが「証言文学」や「抵抗文学」として土地先住権運動、文化や言語の回復と復興、政治的・社会的権利擁護の啓発活動に密接に結びつき、それを後押しした。その系譜は現在活躍するアレクシス・ライトやキム・スコットらまで脈々と受け継がれている。また主流側の作家から描かれる側だった先住民が、自身についての表象を取り戻すべく、文学や映像における表象のガイドラインを策定したことも芸術活動に影響し、社会的効果をあげてきた[2]。

またジェンダー問題では、フェミニズム文学の旗手の一人ヘレン・ガーナーが一九七七年刊行の『モンキー・グリップ』(*Monkey Grip*)で、封印されていた女性のセクシュアリティを大胆に描く可能性を提示した。その後ガーナーは、クリエイティブ・ノンフィクションとも呼ぶべき手法を用い、実際のセクハラ事件を扱った『セクシュアル・ハラスメント―性と権力の迷宮』(一九九五)[3]で次世代のフェミニストたちの姿勢や方向性について問いを投げかけ、女性の権利擁護の在り方の再考を促す。さらに『グリーフ―ある殺人事件裁判の物語』(二〇一四)[4]では、父親による家庭内児童殺人の問題を取り上げて世に問い、本書は女性や子どもに対する暴力防止への社会の介入を促す啓発の一助となった。

また近年では難民文学の興隆とその影響も挙げられる。オーストラリアは船で来た庇護希望者を施設に収容し、期限も明確にしないまま留め置いたことが問題視されていた。その収容所の一つであるニューギニアのマヌス島に送られたクルド系ジャーナリストのベフルーズ・ブチャーニーは、その経験を記事だけでなく映像、さらにノンフィクション小説として外界に発信し、オーストラリアの難民収容が公民権の剥奪や強制移動に当たることを知らしめた。それはやがてオーストラリア国内外の世論を形成することにつながり、引いてはマヌス島収容所の閉鎖やオーストラリアの庇護希望者の国外収容政策の見直しへの働きかけにもつらなったのである[5]。

このように政治性を帯びたオーストラリアのマイノリティのナラティブは、これからどのような可能性をもつだろうか。その物語が当事者への理解と共感を得るためだけでなく、オーストラリアという地域性や少数性を背景に、そこから内発的発展や自立性を探求していく取組みから、普遍性のあるものとして位置づけられるだろうか。そしてすでに二一世紀も四半世紀に差しかかりポスト・ポストコロニアルの時代を迎えている社会が今なお抱える諸問題に、どのような影響を与え得るだろうか。長く「客体」だったマイノリティがさらに社会的課題解決に向けて変化を起こそうとする「行為主体」となってきた。そのマイノリティの文学は、人権や主権の新たな枠組みを提供しつつあり、先住民・移民・難民作家が社会的な問題の解決に向けて、主流側とは違う視座を積極的に提供し始めている。それは、人種差別の糾弾と人権への啓発、制度改革や環境保護などに取り組むアクティビズムの面を備え、率先して社会に働きかけるような創作となり変化を起こしつつある。

作家をこのように「マイノリティ作家」「先住民作家」「移民・難民作家」「女性作家」というようにカテゴリーに入れた瞬間に、いわゆる「主流」のヨーロッパ系、白人系、男性の作家や作品群との区別が始まることは否めない。それにより作品そのものの鑑賞や評価への影響も当然出てくるだろう。だがオーストラリアの先住民、移民、難民といった人びとが抱える問題とそのナラティブは世界のマイノリティに共通するだけでなく、世界全体の課題と物語を体現している。これを評価することは、現状を見つめなおし世界的にコロナ禍後の人間と社会の在り方を再考する上で一定の役割を果たすのではないか。本稿では、そのようなマイノリティ作家リア・パーセル（一九七〇―）の『家畜追いの妻　モリー・ジョンソンの伝説』を取り上げる。俳優で劇作、映画監督もこなすパーセルが、一八九二年に出版されたオーストラリアの古典的作品であるヘンリー・ローソンの短編を、アダプテーションとしてどのように自分の作品に取り込み翻案して、新たなメッセージを吹き込んだ作品に変容させたかを取り上げ、その効果が持つ意味を検証する。

二、先住民文学とリア・パーセルの『家畜追いの妻　モリー・ジョンソンの伝説』

オーストラリア先住民が、強制された言語である英語の使用を逆手に取り自らの声を上げ始めて以来、社会的な意味を持つ多くの作品が生まれてきた。それまで「語られて」きた自分たちの物語を取り戻し、主流社会に向けて「語り始めた」のである。中でも先住民の子どもが親から引き離され労働力とされるために施設やミッションに送られた「盗まれた世代」の問題は、負の記憶として繰り返し語られるようになる。自身の先住民としてのルーツを知らずにいたサリー・モーガンは、その祖母や母が「盗まれた世代」の当事者だった家族史を辿って一九七八年に『マイ・プレイス』を刊行した。この作品が「盗まれた世代」の子どもたちについて、オーストラリアの主流社会に広く伝えることになった。ドリス・ピルキングトン＝ヌギ・ガリマラは、一九三〇年代に母と叔母が強制的に施設収容され、逃避行した体験を『裸足の一五〇〇マイル』（一九九六）に描いた[6]。これは二〇〇二年に映画化され、日本を含め世界各地で公開された。この映画翻案はヨーロッパ系の監督の手によるものだが、先住民の「盗まれた世代」問題を世界的に広く知らしめる役割を果たした。こういった作品や映画は直接の契機ではないかも知れないが、明らかに世論の形成の一助となり、二〇〇八年には当時の首相ケビン・ラッドが「盗まれた世代」の被害者に対して豪政府として正式に謝罪している。

本章では、その先住民文学の最先端にあるリア・パーセルが、白人入植者同士の「仲間意識」や開拓精神を重んじた時代の男性中心主義的環境のなかで生まれた物語を、いかにアダプテーションによって創り替えたか、またそこに生じた変容がどのような意味を持つか考える。

二―一　アダプテーションの意味

アダプテーションは日本語では「翻案」と訳されることが多い。沼野充義が指摘するように、鎖国が解かれた明治時代の日本では「西欧の文物を激しい勢いで移入し消化するプロセスの中で、外国文学をもとにした『翻案』という方法がしばしば大胆に用いられた」という固有の事情もあり、厳密にいえば両語を全くのイコールで結ぶことはできないかも知れない[7]。だがまさにその事情そのものが、アダプテーション・翻案の敷衍と多様性を物語っている。『オックスフォード世界英語文学大事典』の「翻案（アダプテーション）」の項で「あらゆる文学作品には程度の差はあれ、翻案がともなうと考えてよい」[8]と述べられているように、歴史的に文学作品は別の作品に創り変えられてきた。ローマ劇作はギリシャ神話や古典劇の作品を下敷きにし、さらにこれらの物語をもとにウィリアム・シェイクスピアを始め多くの劇が書かれている。現代に至るまで、さまざまな先行作品をもとに新たな物語や劇作、さらに歌劇や舞踏が書かれ続け、他の文化・言語圏に伝播し、また新たなメディアが増えるたびにそれを取り込んだアダプテーション作品が作り出されてきた。例えばシェイクスピアのマクベスが時代と国境を越えて、黒澤明によって映画「蜘蛛の巣城」に翻案・実写化されたり、蜷川幸雄が演出した舞台が海外に逆輸入されたりしたのは代表的な例だろう。

二〇世紀以降のメディアの多様化は、さまざまなアダプテーションのケースを生んだ。映画、テレビドラマ、そしてアニメやコミック、ゲームの世界で翻案された物語が多くの物語を複製・再生産・再創作している。さらには、アニメからコミックに、またゲームから小説や映画になるなど、以前になかった逆向きのジャンル横断も活発になっている。

このように、アダプテーションは時代や国境、ジャンルやメディアを変えてさまざまな方法で新たな物語を生むのだが、そこには翻案する側の作者の意図がある。アダプテーションにより生まれる効果は、パロディだったり、皮肉や風刺だったり、または昇華だったりもする。そこに原典があるということは、翻案された作品がその原典の特徴、また良さや欠点をいかに効果的に用いているかが成功か否かの分かれ目であろう。多くの研究者が指摘しているように、こと文学作品についてはオリジナルが優位にあり、アダプテーションは常に二次的で下位なものとして扱われることも多かった。だがアダプテーション研究の一人者と目されるリンダ・ハッチオンをはじめ多くが主張するように、アダプテーションそのものの自律的な価値を積極的に認め、それが提供する新たな見方や意味を探る[9]ことは、オリジナルの価値の再発見だけでなく、オリジナルが提供した素材の境界を超えた可能性の発見につながると考えられる。

二—二　ヘンリー・ローソンの「家畜追いの妻」

「家畜追いの妻」の原典は、オーストラリアの国民的作家ヘンリー・ローソン（一八六七―一九二二）の代表作の一つと目される短編である。一九世紀から二〇世紀にかけてオーストラリアが植民地から連邦制に移行する時代を背景にナショナリズムが高まるなか、ローソンはその建国物語の立役者である開拓者たちの苦難や開拓者魂をユーモアとペーソスを交えて作品に描き、同時代の詩人A・B・パタースンとともにオーストラリア文学の父とも見なされてきた。その肖像は切手や紙幣にも使われている。

ヘンリー・ローソン
National Archive of Australia

物語の舞台はオーストラリア辺境の元開拓民の掘建て小屋で、主人公はやつれて日焼けした名もない奥地《ブッシュ》の女だ。子どもや飼い犬にさえ名前がある一方、主人公は「妻」で「母さん」「彼女」としてしか登場しない。もと家畜追いだった夫と妻は開拓を始めたが大干ばつで破産、夫は残った家畜を売り払って羊を移動させる雇われの仕事に戻り、何か月も戻らない。過酷な生活のなか、妻は一人で家を守り四人の子を育てている。「一番近くの文明社会らしいものといえば、本街道沿いの掘建て小屋まがいの居酒屋」[10]だが、そこまで行くには一九マイルもある。彼女の「文明」は夫と都会に出たときの思い出と、日曜日ごとに家族でめかし込んで辺りを散歩することだったが、今や夫は「結婚していることも時に忘れている」状態だ[11]。

物語は、この掘立て小屋に蛇が現れて床下に入り込んでしまい、それを見張りながら主人公がこれまでの生活を振り返るものだ。寄る辺ない彼女の隙をつこうと近づく開拓民や放浪者には油断もならない。また飼牛が病気で死んだり、野火と闘ったり、手造りのダムが洪水で決壊してしまったりしたことを思い出し物思いにふける。

その回想には先住民も登場する。かつて夫の不在時の出産に付き添ってくれた「このあたりでは一番気立てのよい」[12]ブラック・メアリーや、薪割りを頼んだが仕事の出来を騙して褒美をちょろまかした男だ。そんな彼女の味方は年長の息子しかいなかった。やがて蛇が姿を現すと、犬が噛みつき妻が殴打して何とかそれを仕留める。蛇を火にくべる主人公の目に涙を見た息子は「僕は家畜追いの仕事なんかしない。ぜったいにするもんか！」[13]と言って母に抱きつく、という結末だ。

作者ローソンはジャーナリズムに身を置きながら、奥地の社会や労働者とその「仲間意識」について、権威主義への抗議的な詩作で名を上げ、さらにその作風を活かした短編小説の作家として地位を確立しており、格差や不平等への関心は高かった。また母ルイーザ・ローソン（一八四八―一九二〇）の女性参政権と平等推進への運動の影響でオーストラリアの共和制移行や社会主義への関心を持つ。やがて職も家族も失い、落ちぶれてアルコール依存や精神病に苦しむが、亡くなったあとオーストラリアでは作家として初めて国葬が執り行われた。彼自身の人生も、戯曲、映画、物語、テレビシリーズなど現在まで多くのアダプテーションの対象になっている。

この原作が語っているのは植民地時代の開拓民物語だ。白人男性を頂点とする家父長的ヒエラルキーのなか暴力と専横が支配するその社会では、先住民は敵役になる。他のローソンの短編や同時代の作家たちと同様に、描かれるのはほとんど全て白人の入植者体験で、当然奥地にいるはずの先住民は背景の景色の中の一部、点景でしかない。ローソンの先住民やその他の異人種への関心は「当時のスタンダード」と評されていて、僅かな例外を除いて、「家畜追いの妻」をはじめ多くの作品でも奥地、開拓地での先住民は「単純労働者、逃亡者の追跡人《トラッカー》、家事手伝いや産婆」[14]など端役で登場することが多い。

女性についても同様で、ローソンがこの短編の主人公に名も与えなかったことは現代では批判の対象にもなり得る。だが一方、母ルイーザの一八八九年刊行のエッセイで描かれた「奥地の女性たち」のように、この短編を特定の個人の物語としてしまうのではなく、当時の奥地の女性たちを一般化する効果もあったかも知れない。先に述べたようにローソンの母ルイーザは、女性運動の先駆者だった[15]。その「オーストラリアの奥地の女性」（一八八九）というエッセイでルイーザは「オーストラリアの女性、ことに奥地の女性について書くのは、私が経験に基づいてその正直で、勤勉で、寡黙で、ほとんど男性的な人生を知っているから」だと述べている[16]。「自立的で多くを語らない」女性たちの生活は、例えば「養蜂を始めれば熱にやられ、家畜を飼えば干ばつや胸膜肺炎のような病で死なれ、雨季には洪水で地表のものがすべて腐り、その労働の三分の二は無駄になる」、「法の手の届くところではない」というように表現され、それはルイーザの息子ヘンリーの短編にも影響していると指摘されている[17]。

母のこのような姿勢は、その下でジャーナリズムや出版に携わった息子ヘンリーの創作のきっかけとも考えられ[18]、当時の支配的男性下にある女性たちを描く動機づけになったかも知れない。「家畜追いの妻」には夫から妻への直接的暴力の示唆はないが、ルイーザが指摘するように当時「孤立した遠隔地では、男が王であり力が支配している。法も、世論も、社会の介入もなく、妻は夫の意のままだった。夫がどのような難儀を課そうとも妻はそれにたえねばならず・・・女性はまったく最低の扱いを受けている」[19]のであれば、まさにローソンの描いたこの短編はそういった時代の産物だった。

「家畜追いの妻」の原稿は残っておらず、最初に掲載された一八九二年七月二三日号の『ブレティン』以降、母ルイーザが編纂した『韻文・散文による短編集』(一八九四)やアンガス&ロバートソン社が刊行したローソン短編集『ビリー缶が沸くまで』(一八九六)ではいくつもの編集の手を経て修正されていることが明らかになっている[20]。ポール・エガートの比較によれば、例えばブレティン版では先住民を表す表記「ブラック」のbがルイーザ版では大文字Bに変えられている。これはルイーザが(たとえ皮膚の色を表す蔑称とも取れる言葉とはいえ)先住民の民族的実存性を示していると指摘されている。だがのちのアンガス&ロバートスン版では、そのBが編集の手によってまた小文字に戻されている。またこの版では家畜追いの妻と助産婦ブラック・メアリーの繋がりのあいだにメアリーの夫キング・ジミーを登場させ、その滑稽さがことさらに強調されている。薪割りの仕事で家畜追いの妻を騙した先住民男性の描写も、当時の先住民部族の長を揶揄するような「頭をもたげて胸を張った」カリカチュアのように加筆修正がされている[21]。こういった幾つかの人種差別的な修正は、ローソンが出版側の意図に忖度し当時の時代や読者の要請にこたえた結果というべきかも知れない(22)。

本短編はローソンの著作の中でも最も多く再刊行されたもので、それ以降も他の作家、演出家、映画監督、画家、写真家が、あらゆるメディアで本作を取り上げ翻案している(23)。現在オーストラリア国立美術館にあるラッセル・ドライズデイルの絵画「家畜追いの妻」（一九四五）はその視覚的アダプテーションの代表作だ。画家本人はローソンの作品とのつながりを否定したものの、誰もが知る文学作品と同じ名を冠した絵画は、本人の否定を超えて「最初の翻案絵画」として受け止められ、さらに他の作家の想像力と創造力を掻き立てている。このように複製され再生産、再創作された「家畜追いの妻」は、ムアハウスによれば、同じタイトルを冠した短編だけでもこれまでに一三もの作品が書かれているという(24)。飼い犬のアリゲーターの目から見た妻と家族、または現代の家畜業者とその暴力に耐えながら依存した生活を送る女性など、多くの作家がこの短編を翻案して新たな作品にしてきた。そしてパーセルはこれに劇作、映画、小説と三通りの翻案を行った初めての先住民作家だった。

ラッセル・ドライズデイル「家畜追いの妻」
National Archive of Australia

二―三　リア・パーセルのアダプテーション

パーセルは『家畜追いの妻 モリー・ジョンソンの伝説』で、まずローソンの作品を短編から長編というジャンルの横断を経て翻案した。また同時に自らの舞台劇、映画、長編小説でメディアを横断したアダプテーションを行っている。劇作では脚本担当兼主演者となり、二〇一六年にシドニーで上演されると(25)大きな反響を呼び、ヴィクトリア

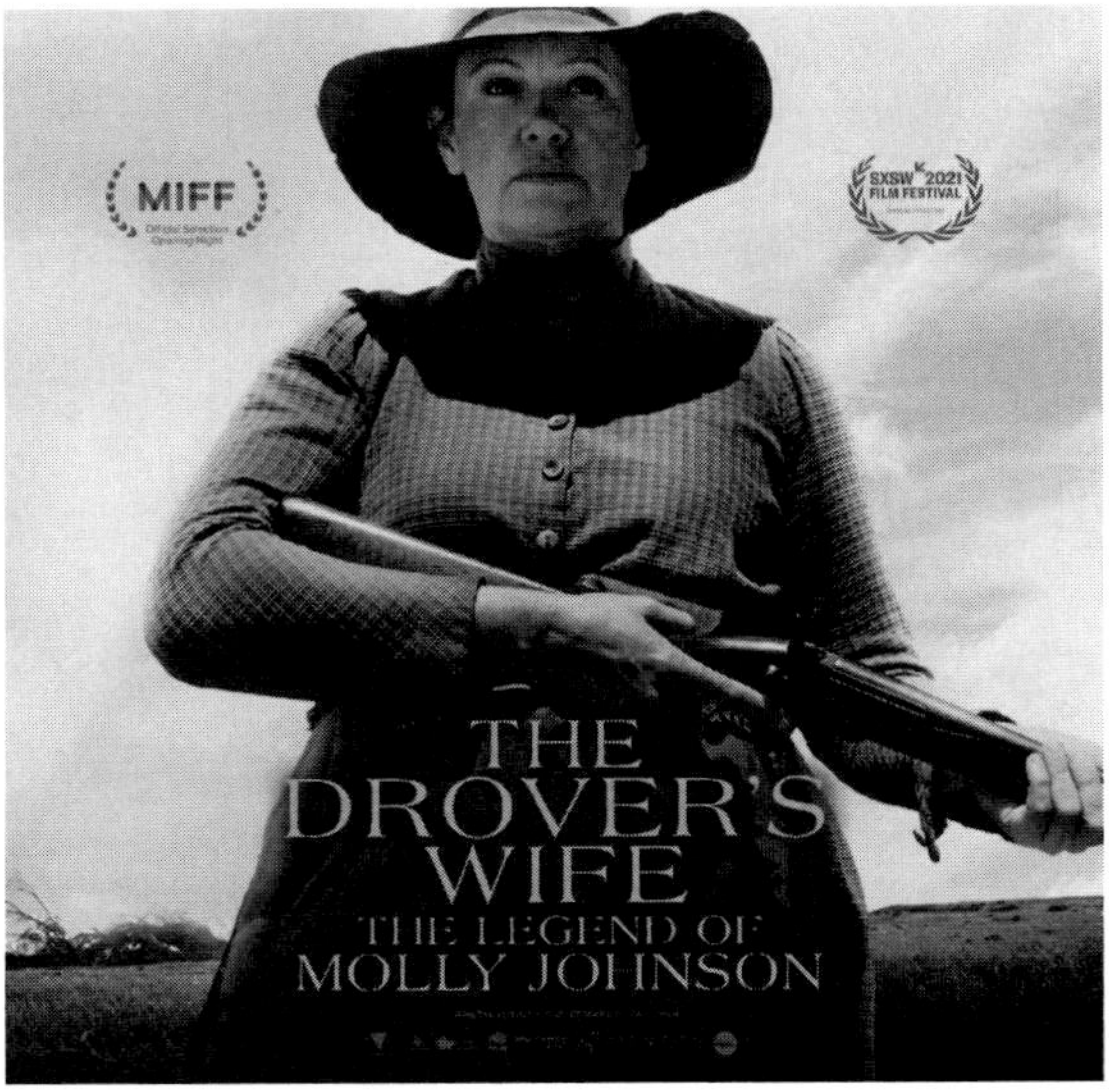

The Drover's Wife The Legend of Molly Johnson,
Photographer John Platt, supplied by Roadshow Films

州首相賞演劇部門最優秀賞やオーストラリア・ライターズ・ギルド賞など多くの芸術賞を受賞している。これに続けて二〇一九年には小説を刊行、映画の撮影も開始した。映画はオーストラリアで初めて先住民系女性が脚本、制作、監督、主演すべてを担当した作品として二〇二二年に公開された。「映画よりも小説というフォーマットの方が、一人称を効果的に用いて物語を成功させている」という評もあった[26]。これはすなわち、パーセルのアダプテーションに込めたメッセージが小説では存分に語られているともいえよう。筆者は舞台劇を見る機会を得ておらず、本稿執筆時には佐和田敬司による戯曲邦訳は未刊行だったため、比較考察の遡上には乗せられないので、主に小説を中心に取り上げ、映画も参考にしつつローソンのオリジナルからの派生したアダプテーションが持つ意味について考える。

パーセルの三種のアダプテーションの舞台設定はともに共通している。この翻案を一言でいえば、ローソンの短編に先住民と女性の声を吹き込んだ植民地主義批判の作品に大胆に作り替えられたものといえる。一八九三年ニューサウスウェールズ植民地の高地を舞台に、四〇才になる「家畜追いの妻」が身籠った身体で四人の子どもを守りながら、ローソンの短編に出てくるような洪水、飢餓、侵入者といった艱難辛苦を乗り越える生活を送っている。だがまず大きく違うのは、タイトルにあるように主人公であるこの妻に初めてモリー・ジョンソンという名前が与えられたことだ。翻案物語では主人公はことさらに既婚を強調し、対外者に何度も自らを「ミセス・ジョー・ジョンソン」、「家畜追いの妻」と名乗る。（原作にはない夫の名前も翻案には登場している。）それにより夫＝男性の後ろ盾があるというステータスを得て自分や子どもたちを守る策略だ[27]。だが一方でモリーというファーストネームが相手から呼ばれることにより、主人公の妻や母だけではない個人としての背景、人格、感情が伝わる場面も多く見られる。

短編を長編小説に翻案したことで、原作にない多くの人物も登場する。そのうちの一人がルイーザ・クリントフで、この地域の法の番人としてイギリスから派遣された軍人の夫ネイトと共に植民地に移ってきた女性だ。ヘンリー・ローソンの母と同じ名を与えられたこの登場人物は、社会主義者の親のもとに生まれ、女性の権利擁護や虐げられた女性の保護を訴える運動を起こそうとしているという設定である。到着した入植地エヴァートンも、もとは当地の実力者の妻エヴリンの名を冠することになっていたが、力強さに欠けるというので男性名に変えられた経緯があった。ルイーザは、植民地は女性参政権容認の動きでは世界をリードしているのに、現地では女性の政治参加があまり感じられないことを残念に思い、女性のための月刊ジャーナルを立ち上げる決意をする(四〇頁)。またこのルイーザの生母はドーン（あけぼの）という名の設定であり、作者によるルイーザ・ローソンへのオマージュが垣間見える。

人種とジェンダーにまたがる暴力は、オーストラリア植民地の負の歴史として主流派の文学では十分に語られてこなかった。アダプテーションでは弱者としての当事者の立場から、白人男性が社会の頂点に立ち力が支配していた入植当時の現実と先住民と女性への暴力が赤裸々に描かれる。「土地で一番白い黒人女」であるブラック・メアリーは、彼女自身の存在が当時の性的搾取の体現であ

ルイーザ
Photographer John Platt,
supplied by Roadshow Films

り、またその人生はさらなる犠牲の連続だった。映画でルイーザ・クリントフは、女性への暴力は「都会でも奥地でも、山間でも田舎町でも、同じこと」といいモリーに連帯を示す。そしてモリー自身も自分と子どもを守るためには暴力に訴えることを辞さない。自衛のために引き金を引くことにより、自身も国家権力による罰という暴力の犠牲になる。ルイーザの夫ネイトは、エヴァートンに「文明」を持ち込むため「法」を施行することにこだわっている。だがその法は弱者を守るためのものではなければいったい誰を守るためのものか、という問いをルイーザは投げかけ、またモリーはそれが無効であることを実力行使で示している。

このアダプテーションでは先住民登場人物が重要な役割を帯びている。ローソンの短編では先住民は「ブラック・メアリー」「キング・ジミー」など、白人から揶揄の意も込めてつけられたあだ名で呼ばれる脇役だった。本作ではモリーと重要な関わりを持つヤダカを始め、ヤダカの養母ギニー・メイや、その姉妹で実はモリーの生母ブラック・メアリーことワラガンジが大きな意味を持つ。原作の先住民は薪割り仕事を請け負った狡猾な先住民の設定であり、アダプテーションでもヤダカは白人警官や民間人を殺した嫌疑でお尋ね者になっている。だが「自分の罪は、ブラックであることだけ」(一四〇頁)と述べるように、自分を陥れた社会の不正な構造を理解し、またモリーや子どもたちをはじめ他者への共感力と包容力を併せ持っている。やがてモリーの子どもたち、ことに長男のダニーへの擬似父親的な役割を担うようになり、家族の英雄的存在になっていく。このヤダカのストーリーテラーとしての役割により、やがてモリーの先住民性が明らかになる。この

ヤダカ
Photographer John Platt, supplied by Roadshow Films

アダプテーションでは、モリーの出生の秘密を含めて、白人の入植の経緯とその影響を受けた先住民部族ンガリゴの歴史がパラレルに語られている。ストーリーテラーのヤダカという語り手の口から、入植者の到着と先住民との接触、軋轢、搾取、虐殺、そして「盗まれた世代」の被害が明らかにされる。

このように「盗まれた世代」はアダプテーションでは重要なモチーフとなっていて、引き離される運命を負った母子の絆は原作と同様、またはそれ以上に強調される。父親だけに育てられたモリーは「母親を知らないでいることは……空しくて魂に穴が開いたみたい。深い、深い穴が」（一二一頁）とつぶやく。妊娠したモリーの母としての自覚、子どもたちへの思い、そして子どもたちを守るために選び取る暴力と自己犠牲が物語を貫いている。

モリーの出自と先住民性が明らかになると、判事（法）、牧師（宗教）、監督者的な存在の女性（社会）の三者が協働して四人の子どもの取り上げを決める。だがモリーは身体を張って子どもたちが盗まれることを防ぎ通した。作者パーセル自身の母方の祖母も、五歳のときに当局により親族コミュニティから引き離された「盗まれた世代」の一人だという。またパーセル自身のヨーロッパ系の父親には、法律上正式な白人家庭が別にあった。ヤダカのサーカス巡業のエピソードは、曾祖父ティッポ・チャーリーの一八九三年の頃の経験をもとにしており、まさにパーセルは、この「盗まれた世代」とその時代から現代にいたるまでの先住民の人びとの社会的苦難を目の当たりにし、それを生きてきた[28]。白人開拓の公けの歴史の中で描かれてきた「家畜追いの妻」の物語は、このアダプテーションによってまさに換骨奪胎されオーストラリアの裏側の歴史を描くことになったといえよう。

ローソンのオリジナルにないモリーの先住民性は、「家畜追いの妻」は当然白人と思い込んでいる読者や視聴者に、その固定観念や偏狭性を突き付けている。佐和田敬司はアボリジナルの翻訳劇を日本語で日本人が上演することの意義について、日本人が持つ既成のアボリジナルの表象とマイノリティに対するイデオロギーに対抗することだと述べている[29]。パーセルによるモリーのこの設定は、まさにオーストラリアの観客の思い込みを転覆させる効果があるに違いない。

パーセルのアダプテーションで強調されているもう一つのことが「語り」の大切さだ。モリーとヤダカは語り合ううちにお互いの差異を超えて理解するようになり、またその語りの中からモリーは自身の先住民性を知ることになる。また長子ダニーはヤダカと物語を交換することで絆をつくり、やがてダニーはヤダカを父親的存在として受け入れていく。「語られなかった人生は真の人生ではない」（二〇〇頁）とヤダカが述べるように、奥地開拓者や労働者の伝統である「ヤーン（yarn）＝物語」と先住民の口承の語りは、相入れないものではなくそれぞれが時代や場所や人びとの歴史そのものであることを示している。自らの罪で収監されたモリーは面会に訪れたルイーザに、その女性の権利擁護の文章は「外側から書いている」だけだと指摘する。そして自身のことを語り始め、ルイーザに内なる物語と声を聴かせる。クライマックスでルイーザが掲げる「女の声を聞け」というスローガンは、モリーのような物語を歴史的記憶に含めよ、という叫びであり、まさに本アダプテーションが書かれた理由の一つとも考えられる。

ヤダカとダニー
Photographer John Platt, supplied by Roadshow Films

ハッチオンは「小説を劇化するには蒸留する、つまり規模、またそれによって不可避的に複雑さをも縮小しなければならない」[30]と述べているが、パーセルはその創作をほとんど同時進行的に行うなかで、映画で説明できなかったり描き切れなかったりしたこと（例えばルイーザが女性の権利擁護問題に目覚めていく過程や、その思想を持ちつつイギリスから体制側としてオーストラリアに着任する夫と共に当地に来ることになった背景など）を小説へのアダプテーションで存分に語っている。小説から映画へのアダプテーションに関する議論は往々にして「損失を表す言葉をもって否定的になされ」[31]ているが、パーセルの場合は逆のケースであり、むしろ映画では画面上の人物の凝縮されたセリフや声のトーン、表情、背景の風景や音楽から視聴者が読み感じ取る幅の広さや自由さ、その劇的効果や暗示が、小説ではかなり詳しくことばで説明されていて、メディアの横断によりその分が損なわれていると感じる読者もいるかも知れない。

植民地時代から続く暴力、アイデンティティや家族の問題などを扱う本作はひじょうに政治的な色合いを帯びている。ある文学賞の審査員は劇作版を評して「これはオーストラリアが故意に忘却している歴史に対する宣戦布告だ」と述べている[32]。本作はまた、現代社会の姿勢への批判にもなっている。ムアハウスはローソンのオリジナルの短編の象徴性について、異質な土地に移ってきた、または移らざるを得なかった移民や難民の体験の表象につながっていると指摘した[33]。すなわち彼らは、困窮や戦禍など様々な究極的理由から故郷を離れてオーストラリアの土地にやって来る。安住の地を求めてやってきたその人びとは、今度は異質な環境や文化に直面しつつ無から家庭を築き生活を築かなければならない。他所者として、決して歓迎されず、時には攻撃の対象にもなるような状況で安全を手に入れなければならないのだ。その象徴的ストーリーに、パーセルはさらにジェンダーと人種の問題を巧みに組み込んだといえる。

三、おわりに

現在も、先住民を含めさまざまな形の人種差別や女性や子どもをはじめとする弱者への暴力、不平等がなくなることがない。またオーストラリアに限らず、各地で過去の先住民政策の失敗が明らかになったり父権主義的な国家権力が遠隔地先住民への介入的な政策を行ったりするたびに、この問題が終わっていないことを示している。パーセルによるアダプテーションは、ローソン版のただの複製や改作ではなく、こういった現実に向けた対抗言説だ。パーセル自身はアダプテーションを行った理由について、幾度となく原作を母親に読み聞かされて慣れ親しんで育ったこと、またこの物語に自分自身を重ねてきたことを挙げている[34]。パーセルは、このオーストラリアの古典作品への敬意からだけでなく、この短編を表層的に文字通り受け取ってきたオーストラリア社会に向けて、大胆に新たな物語を創り出したといえる。ハッチオンは、アダプテーションとは作品が新たな文化的環境へと「順化」[35]することだと述べているが、パーセル版の原典翻案は、原典に挑戦して二つの物語の差異を際立たせる「異化」の効果があったといえる。

この異化により、どのような効果が生まれただろうか。一方ではアダプテーションに過度なポリティカル・コレクトネスを見る向きもあるかも知れない。現在のアダプテーションにおいては、演劇ロミオとジュリエットのジュリエット役をアフリカ系の俳優にしたり、ジェイン・オースティンの小説の映像化に出てくる貴族にアジア系やアフリカ系の俳優を混ぜたり、というような試みが盛んにされていて、これを過度な翻案として批判する議論も起こっている。だが他方で、パーセル劇作の舞台演出家レティシア・カセレスは、本作品が「オーストラリアという国の『過去、現在、そして未来に関わる難しい問いかけ』をしており、芸術という方法を通して『和解』の実現や文化の変容の可能性が生まれるだろう」と指摘している[36]。

パーセルのアダプテーション作品は、オーストラリアのナショナルヒストリーの代表的な物語を用いながら、その「オーストラリアらしさ」を脱構築し、新しい国のかたち、伝統、民族性を表象しようとしている。ローソンの作品を呼び起こし、そのストーリーを繰り返し、要素を再利用しながら、そこに新たな意味を付け加えている。こうして原作との違いを際立たせることにより「オーストラリアらしさ」というイメージを変遷させている。ローソンの短編が当時の現実の一つの解釈であり、それが一つの歴史的観察として記録されて現在にとどまっているとすれば、パーセルのアダプテーションはそれに新たな解釈を加え、その変化を可能にした現代という時代の記録を作り出したといえる。すなわち過去の「文化的記憶」を呼び起こしながら、その白人男性中心思考に異議を唱え新たな意味づけと解釈を施したのである。ハッチオンは、作品を受け止める受容側の私たちは原作とアダプテーションのあいだを行ったりきたりするのであり、翻案者があてにするのは、実は隙間を埋める受容者の能力だという[37]。パーセルのアダプテーションも含め、翻案が成功するには、私たちがどのような理解の幅と能力をもってそれを受け止めるかにかかっているともいえる。

西洋の絵画は歴史的に遠近法を常套手段として用いてきたが、先住民アボリジナルの絵画は二次元の平面に、あたかも記号のような表象と抽象的描写を用いてその世界観、宇宙観を表現してきた。かつては顧みられなかった彼らの画法が、今やオーストラリア絵画の主流の一部になりつつある。先住民系・日系・ヨーロッパ系の複合的ルーツを持つオーストラリア人研究者のサナ・ナカタは、大学というアカデミズムの中で植民地主義を帯びた西洋の学問体系に対してどのように考えるか問われた際に、西洋の理論は道具として用いるのであり、その限界を考えながら援用しているという。すなわち西洋の理論だけでは歴史的、文化的、政治的に世界を説明し切れないのであり、西洋の知識が全知全能というわけではないのだから、人びとや世界の関係性を構築するために違う思考方法を取り入れる必要があると述べている[38]。既存の価値体系や枠組み、批評に揺さぶりをかけるような新たな思考方法をパーセルのようなマイノリティ作家は提供している。

小説と映画には、モリーがヤダカの首枷を斧で切り落とし「それを深く埋めてしまおう」というシーンが出てくる。オーストラリアが白人側のバージョンとして語り、先住民の枷にしてきた歴史を断ち切ろうとする象徴的台詞ともいえよう。パーセル自身はこのアダプテーション創作の目的について「対話を始めるきっかけとする」という。「見ている者は心を乱され」、「そして語り出したくなる」だろうというのが作者の意図だという[39]。さらに「この文化はあなたたちのものでもあるのだ」と非先住民系に語りかける目的があるとも述べている[40]。マイノリティの文学や文化は、既存の枠組み、価値体系、批評方法を問い直し、新たな思考方法を提供している。こういった思考方法のさらなる展開によって、コロナ禍後も続く人々の分断や格差に何らかの変容が生まれることを期待したい。

注

(1) 加藤めぐみ「マイノリティの文学―小説と自伝を中心に」『オーストラリアのマイノリティ研究』早稲田大学オーストラリア研究所編、二〇〇五年、八二～九六頁

(2)二〇〇二年や二〇〇七年にオーストラリア・カウンシルが規定した「文化を描く―オーストラリア先住民にかかる著作創作のためのプロトコル」やオーストラリア先住民及びトレス諸島民研究機構（AIATSIS）の「先住民研究における倫理規定ガイドライン」では先住民表象についての規程を掲載し、メディア、音楽、舞台芸術、視覚芸術、著述における先住民の文化的・知的伝統の所有と制御の権利を確認している。(Australia Council, Writing Cultures: Protocols for Producing Indigenous Australian Writing, 2002, 2007; AIATSIS, Guidelines for Ethical Research in Indigenous Studies, 2002)

(3)原題 *The First Stone* 石橋百代訳、明石書店、二〇〇八年

(4)原題 *This House of Grief: The Story of A Murder Trial* 加藤めぐみ訳、現代企画室、二〇一八年

(5)加藤めぐみ「山々よりほかに友なき難民―ベフルーズ・ブーチャーニの難民収容所文学詩論1」『南半球評論』第三五号、二〇二〇年、三三～四五頁、「越境する者とされる者―ベフルーズ・ブーチャーニ『山々よりほかに友はない』とフェリシティ・カスターニャ『ノー・モア・ボート』にみる〝境界〟への一考察」『南半球評論』第三六号、二〇二一年、二三～四〇頁
邦訳は『山よりほかに友はなし　マヌス監獄を生きたあるクルド難民の物語』一谷智子・友永雄吾監修・監訳、明石書店、二〇二四年

(6)原題は『ウサギ除けフェンスを辿って』(*Follow the Rabbit Proof Fence*)

(7)沼野充義「まえがき「アダプテーション論的転回」に向けて」『文学とアダプテーション―ヨーロッパの文化的変容』春風社、二〇一七年、八～九頁

(8)河野一郎監修、ＤＨＣ、二〇〇〇年、九八二頁

(9)リンダ・ハッチオン『アダプテーションの理論』二二四頁、沼野充義、前掲、七～八頁

(10)『オーストラリアの文学―短編傑作集』平松幹夫訳、一四頁

(11)同前、一八頁

(12)同前、一八頁

(13)同前、二四頁

(14) Christopher Lee, 2002、p75.

(15) ルイーザ・ローソンはノルウェー人の元水夫夫と結婚、ヘンリーを長子として五人の子どもをもうける。奥地で貧困に喘ぎながら子どもを育てたのち、夫と別れシドニーに出て共和制や社会改革主義運動、女性参政権運動へ身を投じる。『あけぼの』（一八八八－一九〇五）というオーストラリアで初めてのフェミニスト誌を創刊、またドーン・クラブを創設し、やがて「女性協会」を設立、参政権運動を展開した。

(16) Frank Moorhouse, *The Drover's Wife*, 2017 所収、pp.81-89.
そのルイーザ自身も金鉱に向かった夫の不在の期間、孤独に苛まれながら家族を守って暮らすという境遇を経験している。
参考　加藤彩雪「ルイーザ・ローソンと孤独―再評価へ向けて」『南半球評論』第三六号、二〇二〇年、五～一六頁

(17) 同前 pp.81-89.

(18) 同前 p.21.

(19) 同前 p.87.

(20) 同前 pp.65-69.

(21) 同前 pp.69-71.

(22) その後もドナルド・マクラクランが編纂した短編集で恣意的に変更を行っている。同前 p.74.

(23) 同前 p.17.

(24) 同前 p.18, pp.208-210.

(25) 初演 Belvoir Street Theatre、演出は Leticia Caceres

(26) Debbie Zhou, "The Drover's Wife: The Legend of Molly Johnson review - riveting but heavy-handed outback western" Mon. 8 Nov. 2021.
https://www.theguardian.com/film/2021/nov/08/the-drovers-wife-the-legend-of-molly-johnson-review-riveting-but-heavy-handed-outback-western 二〇二二年九月二七日アクセス

(27) Leah Purcell, *The Drover's Wife The Legend of Molly Johnson*, Hamish Hamilton, 2019, p.118.　以下、本文カッコ内の数字は同作品のページ

(28) Steve Dow, 2016.09.12. Reimagining The Drover's Wife: Leah Purcell weaves Indigenous Australia into classic tale, https://www.theguardian.com/stage/2016/sep/12/reimagining-the-drovers-wife-leah-purcell-weaves-indigenous-australia-into-classic-tale　二〇二二年九月二八日アクセス

(29) 佐和田敬司『現代演劇と文化の混淆―オーストラリア先住民演劇と日本の翻訳劇との出会い』二〇〇六年、三三〇頁

(30) ハッチオン前掲、四五頁

(31) 同前、四七頁

(32) Steph Harmon, "'Brave, ruthless and utterly compelling': Leah Purcell wins big at NSW premier's literary awards", *The Guardian* 二〇一七年五月二二日 https://www.theguardian.com/stage/2017/may/22/brave-ruthless-and-utterly-compelling-leah-purcell-wins-big-at-nsw-premiers-literary-awards　二〇二二年九月二七日アクセス

(33) Moorehouse 前掲、p.20.

(34) Leah Purcell, *The Drover's Wife* p.279; "Writer and director notes: The Drover's Wife", Moorhouse, *The Drover's Wife*, pp. 329-332.

(35) ハッチオン前掲、一八五～一八九頁

(36) Leticia Caceres, "Writer and director notes: The Drover's Wife", Moorhouse, *The Drover's Wife*, p.334.

(37) ハッチオン前掲、一四九～一五〇頁

(38) Nakata, Sana, オーストラリア学会二〇二二年度全国研究大会記録動画　豪日交流基金助成シンポジウムⅠ：日豪の先住民族研究における「応答」 http://www.australianstudies.jp/ 二〇二二年九月一八日アクセス

(39) Mawunyo Gbogbo, "The Drover's Wife: The Legend of Molly Johnson is a compelling story weaving in present and historical truths", ABC News 二〇二二年五月三日

https://www.abc.net.au/news/2022-05-03/the-drovers-wife-the-legend-of-molly-johnson-leah-purcell/101032364　二〇二二年九月二七日アクセス

(40) ABC放送 Australian Story 二〇二二年六月一〇日放送　ABCiView 二〇二二年八月三〇日視聴

和文文献

伊澤高志「アダプテーションとシェイクスピア」『物語研究』二〇二〇年第二〇号、一〇八〜一二〇頁

岩田和男・武田美保子・武田悠一『アダプテーションとは何か―文学／映画批評の理論と実践』世織書房、二〇一七年

小川公代・村田真一・吉村和明『文学とアダプテーション―ヨーロッパの文化的変容』春風社、二〇一七年

佐和田敬司『現代演劇と文化の混淆―オーストラリア先住民演劇と日本の翻訳劇との出会い』早稲田大学出版部、二〇〇六年

――――『オーストラリア先住民とパフォーマンス』東京大学出版会、二〇一七年

リア・パーセル／アラーナ・ヴァレンタイン『家畜追いの妻／パラマタ・ガールズ』オーストラリア演劇叢書十六　佐和田敬司訳、オセアニア出版社、二〇二四年

リンダ・ハッチオン『アダプテーションの理論』片渕悦久、鴨川啓信、武田雅史訳、晃洋書房、二〇〇六年（原著）二〇一二年（翻訳）

平松幹夫編訳『オーストラリアの文学 短編傑作選』サイマル出版会、一九八二年

早稲田大学オーストラリア研究所編『オーストラリアのマイノリティ研究』オセアニア出版、二〇〇五年

英文文献

Lawson, Henry *While the Billy Boils: Henry Lawson's Best-known Yarns*, Angus & Robertson, 1981.

Lee, Christopher "The Status of the Aborigine in the Writing of Henry Lawson: A Reconsideration", *The La Trobe Journal*, No.70, Spring 2002, pp.74-83.

Moorehouse, Frank *The Drover's Wife: A Celebration of a Great Australian Love Affair*, Knopf, 2017.

Purcell, Leah *The Drover's Wife: The Legend of Molly Johnson*, Hamish Hamilton 2019.

DVD

“The Drover's Wife The Legend of Molly Johnson” Roadshow Entertainment　二〇二二年七月六日刊行

謝辞

本稿に画像を掲載するにあたり、リア・パーセル氏、ベイン・スチュワート氏、Roadshow Films社、オーストラリア大使館の徳 仁美氏に尽力頂いた。ここに記して感謝する。

本稿は日本学術振興会科学研究費（課題番号：22H00653 基盤研究Ｂ　研究代表者　加藤めぐみ）の成果の一部である。

『ゴールデン・エイジ』の二つの劇中劇
―『リア王』と『タウリケのイピゲネイア』

佐和田敬司

一、はじめに

『ゴールデン・エイジ』(1)は、劇作家ルイ・ナウラ（一九五〇〜　）による戯曲である。一九八〇年代の作品であるにもかかわらず、しばしば「オーストラリアの古典的名作」と呼ばれる。一九八五年、メルボルンの劇団プレイボックスによって、ヴィクトリアン・アーツ・センターのスタジオで、レックス・クラムフォンの演出により初演された。翌年には、シドニーの国立演劇学校ＮＩＤＡにおいて、ニール・アームフィールドの演出、リチャード・ロクスバーグの主演で上演された。一九九〇年代以降のオーストラリアにおける数少ない再演として、二〇一六年には、キップ・ウィリアムズの演出で、シドニー・シアターカンパニーによって、ウォーフ劇場で上演された。そのキップ・ウィリアムズは、「テーマの複雑さとそれが相互に作用している点で、『ゴールデン・エイジ』より大きなオーストラリア戯曲があるだろうか？」と問うた。そして「『ゴールデン・エイジ』があまり上演されない理由の一つは、作品にそれほど巨大な野心があるからだ。あらゆる意味で、大作なのだ」と語った(2)。

日本でも、オーストラリア初演から約四〇年の時を経て、ようやく二〇二四年七月に、拙訳、小笠原響演出、劇団俳小による、下北沢・駅前劇場での本邦初演が予定されている。

この作品のあらすじは次の通りである。物語の始まりは第二次世界大戦勃発の直前。二人の若者、フランスとピーターは、冒険を求めてタスマニア島南西部の原生林に探検旅行に出かける。そこで出会ったのが、若い女ベッシェブとエンジェル、若い男マック、男の子ステフ、老人メローン、そして彼らの女王らしきエアというメンバーの集団で、彼らは一八五〇年代のゴールドラッシュの時代にその地域に入った人々の子孫であり、一世紀近く外界との接触がなく孤立していたため、独自の言語と文化を発達させていた。しばらくそこに滞在したフランシスは、やがてベッシェブと、愛を育む。フランシスとピーターは、エアの希望を聞き入れ、彼らをホバートへと連れ帰る。ホバートでは、ピーターの父で医師のウィリアムが、彼らについてすべてを科学で解明する欲望に取り憑かれる。既に大戦は始まっており、フランシスはベッシェブに別れを告げてヨーロッパ戦線に赴くが、戦争は彼を極度に消耗させる。そして、ナチスの優生思想に基づく障害者迫害のプロパガンダに利用されるおそれがある、という理由で、文明世界でも再び幽閉されることとなった「原生林の人々」もまた、悲劇的な運命をたどる。ウィリアムも自らの欲望によって破滅する。終戦後、心に深い痛手を負ったフランシスが帰国すると、原生林の人々はベッシェブ以外死に絶えており、彼女も廃人同然に。フランシスは、ピーターの説得も聞かず、ベッシェブと二人きりで原生林で暮らす決意を固める。

先述したように複雑なテーマを持った『ゴールデン・エイジ』だが、その一端に切り込む手がかりとして、二つの劇中劇が作中に挿入されていることに着目したい。ひとつはエウリピデス作のギリシャ悲劇『タウリケのイピゲネイア』で、もう一つはシェイクスピアの『リア王』である。これら二つの劇中劇には、文化の受容について、二つの対照的な姿勢が象徴されている。ひとつは、中心からもたらされた文化を、自分のものにする、占有するということ。もう一つは、中心からもたらされた文化を、極力そのままの形で借用しようとすることである。前者は劇中劇『リア王』に、後者は劇中劇『タウリケのイピゲネイア』に見て取れる。本論は、この二つの劇中劇が、戯曲『ゴールデン・エイジ』においてどのような象徴としての役割を果たしているかについて考える。

二、原生林の『リア王』

劇中劇の『リア王』は、フランシスとピーターが原生林の人々を発見したとき、彼らが二人に自分たちとは何者であるのか、その歴史を伝えるために、二人を観客にして演じられたものである。その上演とは、次のようなものである。

老人メローンが、若者マックを引きずりながら、「ひどい国」を歩く。そして彼は言う。《毒ガエル。闇の王。そなた自身の腐敗と病気によって暖められる大地を歩く。あなたはこの国を病ませてきた。それはブタと骨の臭いがする。豊作をもたらす空と土が今や病んでいる。すべてが逆になっている。闇が朝に。朝が闇に。私は王だ。すべての民の王だ。反乱と裏切り！反乱と裏切り！》(3)

次に登場するのはエンジェルである。彼女はもともと言葉が喋れず、マイムによって王の娘の役を演じ、その台詞は代わりにエアが語る。《父上、私はかなしく空っぽの子宮だ。ゆるして、父上。天はあまりに荒れていて生きるのが怖い。》するとメローンは、エンジェルに対して、生殖にまつわる呪いの言葉を吐く。《子供よ、お前の性器はひからびている。そのすべての真実に苦しめられる。私は怒っている、大地が怒っている。なぜなら私は追放の身。追放！空はむち打つような音がする。》そしてメローンは、エンジェルの両目を棒でえぐり、《お前は盲目だ。私が追放された痛みを見ることが出来るだけだ。お前は私の男根の腐敗した精液だ。》と吐き捨てる。

次に若い女ベッシェブが登場すると、メローンはエンジェルの時とはまったく異なる態度を示し、二人は両手を伸ばし、喜びの叫びとともに、互いの腕に飛び込む。そして《追放は終わった！終わった！》と叫び、大団円を迎える。

この劇を観ていたピーターもフランシスも、その意味するところを理解できなかった。しかし原生林の人々との出会いから、第二次世界大戦の勃発を経て、ナチスドイツの降伏の直後、四年ぶりにピーターと再会したフランシスは、ピーターにこのように言う。

あの老人はリア王を演じてたんだよ。あれが何か、やっと分かったんだ。あれは『リア王』の、ハッピーエンド版だった。（『ゴールデン・エイジ』二幕十五場）

三、『リア王』のハッピーエンド版

『リア王』のハッピーエンド版と言えば、よく知られているのが、英国の詩人ネイハム・テイト（一六五二〜一七一五）が、シェイクスピアの『リア王』を改作し、『リア王一代記』というタイトルで、王政復古期の一六八一年に上演されたものだ。この翻案では、シェイクスピアの原作では接点のない、リアの三女コーディリアと、グロスター伯爵の息子エドガーに恋を芽生えさせ、それを劇の重要なプロットとして機能させる。シェイクスピアの原作では、リアを救うため、フランス軍とともにブリテンに上陸したコーディリアは、しかし敗北して捕まり、絞首刑に処せられる。コーディリアの亡骸を抱きかかえて慟哭するリアが、今日では『リア王』の悲劇のクライマックスとなるのは言うまでもない。しかし、王政復古期においてこの結末は、善良な人間が不幸に陥り死ぬということが「詩的正義に反する」と批判されており[4]、その批判を回避するためテイトは、彼のハッピーエンド版でコーディリアを殺さなかった。そしてリアとコーディリアが囚人として監獄に入れられ、刺客が二人を殺しにやってくるとき、間一髪でエドガーが二人を救う。こうして救われたリアは、やはり救われたコーディリアを女王にすることを宣言し、自分は娘の幸せを見つめながらグロスターやケントとともに隠居すると言う[5]。

この、テイトのハッピーエンド版『リア王』は、一五〇年間にわたって英国で上演され続けた。このように、ある作品が改作されて、それが長年上演され続けて、定番になってしまうという事例は、演劇の歴史において珍しくはない。日本の例で言えば、近松門左衛門の浄瑠璃でも同様のことがある。一八世紀前半に初演された近松門左衛門の『冥途の飛脚』は、一八世紀中頃に改作された。一九世紀には近松の原作が復活するが、そのとき前半は原作通り、後半は伝承された改作そのままという形で上演され、その後の時代に引き継がれた。そして現代では、シェイクスピアの原作回帰に象徴される、近代の厳密な原作者尊重の考え方を受けて、原作の前半のみを近松門左衛門作「冥途の飛脚」として上演し、後半の、親子の情愛を近松の原作よりもっと深く描いた改作である『傾城恋飛脚』「新口村の段」が、『冥途の飛脚』とは独立した形で上演されている(6)。

シェイクスピアの作劇でよく見られることだが、過去にあった物語をシェイクスピア自身が改作してつくりあげた作品がある。そもそもリア王の物語は、様々なバージョンがシェイクスピアの時代以前の民話や出版物で描かれてきたものだ。シェイクスピアの戯曲に直接影響を与えたかも知れない、直近の作者不詳の戯曲『リア王実録年代記』(一五九四年初演)では、悲劇的結末がなく、コーディリアもリアも死ななかった。『リア王』の六つの先行する物語を比較検討した小野昌氏の言うように、「シェイクスピアは伝説や民話の持つ原初的な感覚を利用しつつ、様々な演劇的なテクニックを駆使しながら宇宙的な拡がりをもつ壮大な悲劇に仕上げていった」のだ(7)。

さて、テイトの『リア王一代記』がもっぱら上演された一五〇年間の間に、一度もシェイクスピアの悲劇的な結末がかえりみられなかったわけではない。当代一のシェイクスピア劇俳優が、『リア王』の悲劇的結末を復活させた事例もあった。一八二三年に、シェイクスピア劇俳優エドマンド・キーン(一七八七〜一八三三)がリア王を演じるにあたり、大筋でテイトの『リア王一代記』から離れることはなかったものの、最後にコーディリアが死ぬという悲劇的な結末に変更して、リアを演じた。しかし、観客からの不評を受けてキーンはその後すぐに、ハッピーエンドへと筋を戻してしまう。一八三八年、英国の俳優ウィリアム・チャールズ・マクレディが、およそ一五〇年ぶりに、『リア王』をシェイクスピアの原作通りに上演し、当然そこでは悲劇的結末が含まれていた。このマクレディのエポックメイキングな上演によって、テイトの『リア王一代記』は、『リア王』の上演に用いられないようになっていくのである。

四、オーストラリアで上演された『リア王』

次に、オーストラリアでは『リア王』はどのように上演されてたのかをみてみる。一八三六年一〇月、タスマニアからシドニーにやって来たサムソン・カメロンとコーディア・カメロン夫妻による一座が、シドニーのシアター・ロイヤルで、一二週間の公演を打った。その中でカメロン一座は、オーストラリアで最初の『リア王』を上演した。カメロン夫人が、コーディリアを演じた。そして、リアを演じたのは、コンラッド・ノウルズ（一八一〇～一八四四）だった。ノウルズはイングランドの生まれで、一八三〇年にホバートに移住、その後一八三二年に、シドニーのシアター・ロイヤルで役者をはじめた。一八三六年のカメロン一座のこの公演でノウルズは、オーストラリアで初めてリア王を演じた俳優となった(8)。ちなみに彼はオーストラリアで初めてハムレット役を演じた俳優でもあり、彼の生前には他にハムレット役を演じた者はいなかったが、このエピソードは、オーストラリアではシェイクスピア劇の主演がいかに長期にわたりノウルズの独壇場だったかを示している。

この時ノウルズが演じた『リア王』は、テクストは大幅に改訂されていたが、シェイクスピアの悲劇的な結末を含んでいた。しかし、隔週発行新聞『シドニー・モニター』は、ノウルズの『リア王』を批判し、『英国演劇選集—ケンブル氏による舞台のために翻案されたすべての戯曲を含む』A Select British Theatre; Containing All the Plays Formerly Adapted to the Stage by Mr. Kemble の方を、「演じられたこの酷い結果」よりもずっと良い、とした。同紙の劇評家は「ノウルズの試みは大胆すぎる」と主張した。メロドラマが他の種類の劇を駆逐し演劇界を席巻しつつあり、『シドニー・モニター』は「現代の派手な作品たちは、複雑な舞台背景や舞台効果への依存の点で、古い本格的なドラマよりも、上演がより難しい。」とした(9)。

『シドニー・モニター』が引き合いに出した、ロンドンで一八一五年に刊行された『英国演劇選集—ケンブル氏による舞台のために翻案されたすべての戯曲を含む』の「ケンブル氏」とは、英国の俳優ジョン・フィリップ・ケンブル（一七五七〜一八二三）のことで、同時代のシェイクスピア俳優としてのライバル、エドマンド・キーンとは違い、テイト作『リア王一代記』から離れることなくリアを演じた人物である。つまり、『リア王』のオーストラリア初演は、英国におけるマクレディによる原作通りの『リア王』上演の二年前の出来事であり、『リア王』オーストラリア初演の一六年前にエドマンド・キーンによる悲劇的結末を復活させる試みがすでになされていたことからも分かるように、シェイクスピアの『リア王』の悲劇的な結末が、英国では決して知られていなかったわけではなかった。そのような時期にノウルズは、『リア王』のオーストラリア初演で、その悲劇的結末を演じてみせ、オーストラリアの評者から否定的な批評を受けていたことになる。

五、『ゴールデン・エイジ』での劇中劇としての『リア王』

『ゴールデン・エイジ』の物語において、エアやベッシェブたちの祖先がタスマニアの原生林に入ったのは、オーストラリアがゴールドラッシュで沸いていた時期である。ウィリアム・アーチャー博士は、自分の研究をフランシスや他の登場人物たちに、このように披露する。

それは一八五〇年代、ゴールドラッシュの頃に遡ります。銀行家、囚人、実業家、医者、誰もが金に熱狂した時代に・・・ヴィクトリア州とは違って、ここタスマニアではゴールドラッシュはすぐに終わってしまったんですが、ある集団が、金を探そうと、南西部の、誰も行ったことのない地域へと入っていった。（『ゴールデン・エイジ』一幕十二場）

史実では、ヴィクトリア植民地では金の発見が知られた一八五一年から一八六〇年代にかけてゴールドラッシュが起きており、一方タスマニアでは、金の採掘を目指してバス海峡の対岸であるヴィクトリアへ向かう人々が増大し、マンパワーの流出が顕著であったことはよく知られるが[10]、一方で、タスマニアでも金は発見されてはいた。タスマニア・ローンセストンで発行された新聞紙『コーンウォール・クロニクル』一八五二年一二月一五日の記事には、「我々は、数ヶ月の間に、この島の北東海岸の様々な場所に金が少量発見されたということに気づいていた。・・・我々は政府に、この植民地での金の探索を合法化する時が来たこと、そしてその価値ある、隠された富の開発は、国全体にとって有利になるように、許されてよいということを、謹んで提言する。」とある[11]。したがって、一八五〇年代の早い時期には、金を探して「南西部の、誰も行ったことのない地域」に入っていった人々がいたという『ゴールデン・エイジ』の設定には、無理がない。

ウィリアムはまた、自分の研究を披露する中で、

> 中には、旅芸人も加わっていました、愚鈍な植民地人に下らない芝居を見せるのに飽きてしまって。(『ゴールデン・エイジ』一幕十二場)

とも言っている。『ゴールデン・エイジ』の物語の世界においては、この旅芸人こそ、子孫であるエアやメローンたちに、『リア王』の劇を伝えたのだと想像できる。

研究者 Veronica Kelly は、「原生林の人々は、この伝統的な民話の、前シェイクスピアの改訂を使い、その中で王の不幸はついに彼に、愛(と言語)が真に意味するものを認識することを教える。」と解釈する[12]。しかし、植民地において演劇を観る人々の嗜好を考えても、旅芸人が、まるでシェイクスピア研究者のように『リア王』の材源まで辿って上演台本を作りそれを演じることは、想像しにくい。むしろ、メローンたちが演じているのは、「伝統的な民話の、前シェイクスピアの改訂」ではなく、「シェイクスピア後の改作劇」であるテイトのハッピーエンド版『リア王一代記』の、さらなる改訂、あるいは「なれの果て」だったと考える方が自然ではないだろうか。

史実としては、前述の通り、英国演劇界でマクレディによる原作どおりのシェイクスピアの『リア王』が上演され

たのとほぼ同時期である一八三〇年代後半、植民地オーストラリアでも多くの改訂があったとは言え悲劇的結末をもった『リア王』が上演された。しかしオーストラリアでそれは、一五〇年間英国で踏襲されてきたハッピーエンド版の方が良いと批判された。英国ではマクレディの『リア王』は真にエポックメイキングな上演であり、以降英国演劇ではシェイクスピアの原作通りの『リア王』上演が当然となり、テイトのハッピーエンド版は駆逐されていくのに対し、植民地の劇場ではハッピーエンド版にこだわったシェイクスピア俳優が残したテクストの方が、好まれる風潮がその当時、現実にあった。そして、『ゴールデン・エイジ』の物語の背景にある架空の歴史の中では、植民地での観客の嗜好に応えて、テイトのハッピーエンド版『リア王一代記』を上演していた旅芸人が、金を探す集団に加わり、原生林に姿を隠した、と考えることが出来るのである。

六、ハッピーエンド版『リア王』が伝えようとしたこと

それでは、『ゴールデン・エイジ』の劇中劇である『リア王』は、何を伝えるために、メローンやエンジェル、ベッシェブたちによって演じられたのだろうか。Kelly はこの点についていくつか分析を行っている。

まず、楽観的な未来が語られている。リアの運命と同じく、放逐された自分たちの歴史が語られた後、この劇中劇は、放逐が終わったことを喜ぶ場面で幕となる。自分たちが生き残るという、楽観的な未来がそこでは示されている。一方、劇中劇では、リアの三人の娘は、コーディリアと、エンジェルが演じる娘の二人しかいない。そして最後にコーディリアだけがリアに歓迎され大団円を迎える筋立ては、Kelly が指摘するように、「ベッシェブ／コーディリアだけが、ホバートでの幽閉という新しい放逐を生き残る」という『ゴールデン・エイジ』の筋書きの予告と言うことが出来、『リア王』の世界から『ゴールデン・エイジ』という、より大きな筋の遠回しの簡約化版として機能している(13)。

Kelly はまた、生殖にまつわる呪いについて読み解く。「メローンの演じる王は彼の子供たちを、祝福すると同時に呪う。そして彼のシェイクスピアのモデルと同じように、彼には魔術的な力がある。祝福と呪いの両方が効力を発す

る。」と彼女は言う[14]。

確かに、父王を演じるメローンがエンジェル演じる娘に浴びせる呪いの言葉は、「ひからびた性器」という、近親交配の結果としての生殖能力の欠陥によってその数を減らしてきた原生林の人々の歴史を言い表している。さらに、シェイクスピアの原作一幕四場で、リアが娘ゴネリルに対して言う生殖にまつわる呪い「こいつを石女にしてくれ、子を産み育てる働きを悉く奪去るのだ、この忌まわしい体から尊い子宝を生じさせてくれるな！」[15]からヒントを得ているように見える。

これらのKellyの分析に筆者が付け加えたいのが、登場人物の目を潰すエピソードだ。シェイクスピアの原作『リア王』では、グロスター伯爵が、リーガンとコーンウォールに捕まり、両目をえぐられて荒野に放り出される有名な場面がある。シェイクスピアの『リア王』では三幕七場の以下のやりとりだ。

コーンウォール　もう二度と見えぬように、こうしてやる。ええい、胸くその悪い、まるで腐った生牡蠣のようだ！貴様の光は今どこにある？

グロスター　闇に鎖され、頼るべき物影一つ無い！[16]

そしてテイトの『リア王一代記』でも、三幕五場に同様の場面がある。

公爵　決して見させはせぬ。お前たち、務めを果たすのだ。

反逆者の両目を抉り出せ。おい、やれと言うに。

お前が復讐神を見るというなら――

グロスター　誰か、長生きする気がある者はおらんのか。

助けてくれ――ああ、ひどい！ああ、神々よ！（グロスターの両目を抉り出す）[17]

最後に『ゴールデン・エイジ』の同様の場面を、今度は拙訳の台詞で引用する。

彼（メローン）は棒で彼女（エンジェル）の両目をえぐる。

メローン　めしい！めしい！汝《なね》がまなご、能《よ》く我《うぁが》ぬ放逐《はうぢく》ぬ痛《ういだ》み、まぶる（見る）のみ。我《うぁが》ぬ痛《ういだ》み、我《うぁが》ぬ男根《なんこん》ぬ腐れだ精。

シェイクスピアの『リア王』、テイトの『リア王一代記』とも、グロスターがリアを助けているという理由で、リアの娘リーガンとその夫コーンウォール公爵からグロスターがこのような残虐な仕打ちを受けるわけだが、『ゴールデン・エイジ』の劇中劇では、父王を演じるメローンが娘を演じるエンジェルの目をえぐるので、シェイクスピアとテイトの筋を大きく逸脱している。しかし『リア王』の物語の大きなターニングポイントになる残虐行為のインパクトのみが、劇中劇に残されている。口承で伝えられることで、物語が変幻自在になることの面白さを、この劇中劇のエピソードは伝えている。オーストラリアにおいて、書き残されたものではなく口承によって伝えられていくものとして、先住民の物語を真っ先に思い浮かべることが出来る。一九世紀後半のブッシュレンジャー、ネッド・ケリーが、オーストラリア中央部の先住民コミュニティに来て、ダンパーの作り方と紅茶の入れ方を教えた、という話。キャプテン・クックが、内陸部を旅しながら、たくさんのアボリジニを撃ち殺していったという話。これらは記述された歴史とは相容れなくても、先住民のオーラル・ヒストリーとして伝承され、まさに彼らが過去を占有していることを、私たちは保苅実氏の研究を通して知っている(18)。原生林の人々の劇中劇での、口承による変幻自在な物語は、まさにこのような、オーストラリア先住民の口承による歴史実践まで想像させるものである。

このように『ゴールデン・エイジ』の物語の世界では、『リア王』がシェイクスピアの原作に還っていった英国やその後のオーストラリアの歴史とも異なり、タスマニアの原生林で『リア王』のハッピーエンド版が生き残り、それが断片化され、自由自在に改変され、最終的に「自分たちの物語」を語るための演劇が作り上げられていったことになる。

七、劇中劇『タウリケのイピゲネイア』

『ゴールデン・エイジ』のもう一つの劇中劇が、エウリピデスの『タウリケのイピゲネイア』である。『ゴールデン・エイジ』という作品自体が、この『タウリケのイピゲネイア』の上演シーンで始まる。アーチャー邸の庭園に作られたギリシャ神殿において、ウィリアム・アーチャーとその妻エリザベスが、それぞれオレステスとイピゲネイアを演じている。また、劇の終盤にも、亡くなったウィリアムの代わりに息子のピーターが、父の代わりにオレステスを、そしてエリザベスは作品冒頭と同じくイピゲネイアを演じて、このギリシャ悲劇を上演するシーンがある。

冒頭の場面では、タウリケという地において、イピゲネイアが、捕囚となったオレステスを前にして、実は彼が自分の弟と知らずに、語る。自分はこの「野蛮な島」に幽閉され、女司祭として生け贄を捧げる血塗られた儀式をつとめる身で、弟も死んだのだと。オレステスも、イピゲネイアが自分の姉とは知らず、一緒に捕まったのは親友ピュラデスであること、もう死ぬ覚悟は出来ていることを語る。

終盤の場面では、イピゲネイアとオレステスが、姉弟であったことを知る。オレステスは、アルテミスの像を盗むためにここに来たのだと告げ、その像を持って一緒にアルゴスへ逃げようと姉イピゲネイアに呼びかける。イピゲネイアは弟との出会いに感動しながらも、アルテミスの像と自分、どちらもというわけにはいかないと躊躇する。

劇中劇『リア王』と同じく、劇中劇『タウリケのイピゲネイア』も、『ゴールデン・エイジ』の物語を予告する役目を果たしている。ウィリアムの演じるオレステスは言う。

我が友ピュラデス。彼は金持ちで、彼の家は汚れがなかった、私はいずことしれぬところで暮らしていたのに。

私は神々に憎まれた、宿無しですから。（『ゴールデン・エイジ』一幕一場）

オレステスが親友ピュラデスと共にこの島に侵入したという設定は、タスマニアの原生林に分け行ったフランシスとピーターと重なる。しかもピュラデスが金持ちで家に汚れがなく、自分は神に憎まれた宿無しだというのは、劇中で幾度かフランシスがピーターに吐露している心情でもある。

研究者 **Edith Hall** は、ベッシェブが、イピゲネイアと多くのものを共有していると指摘する。それはベッシェブもイピゲネイアも、家族の悲劇的な歴史と、自分の孤立を自覚している。さらに、イピゲネイアがタウリケに閉じ込められ、女司祭として血塗られた儀式を行うという義務をしいられているように、「ベッシェブは、彼女の血族を犠牲にする医学という「科学の」儀式で彼女に強いられた義務から解き放たれる。ある意味彼女は、幽閉と押しつけられた野蛮さから逃れる」と述べる。さらに **Hall** は、オレステスとフランシスの共通点についても、「『ゴールデン・エイジ』もまた『タウリケのイピゲネイア』と同じく、激変する国際戦争を背景にしている。フランシスはベルリンで戦っているうちに暴力に溺れ、どこか狂気じみてくる。それはよりオレステスのようになっていくということだ。」と論じる[19]。

ところで、アーチャー夫妻は本当にホバートに実在した人々で、さらに実際に自分たちの庭園で、『タウリケのイピゲネイア』を含む、ギリシャ悲劇の上演をしていたという、ナウラ自身の証言がある[20]。この証言は私たちに、エウリピデスの『タウリケのイピゲネイア』がホバートで上演される何らかの理由が、現実に存在していたことを示唆している。そして **Hall** は、『ゴールデン・エイジ』における劇中劇『タウリケのイピゲネイア』は、古いヨーロッパの植民地主義の文化を、恐ろしくも新しい環境へと移入しようとする、新しいオーストラリアへの移民コミュニティを表象していると読み解く[21]。

以上のことを念頭に考えてみると、劇中劇『タウリケのイピゲネイア』は、はじめは植民地の観客、さらには原生林の人々の、嗜好と要求に応えながら変容していったことを想像させる劇中劇『リア王』とは対照をなしていることが分かる。ホバートのエリート一家が、自宅にあるギリシャ趣味の神殿の前で行う上演を、ナウラ自身が直接観たか、すくなくとも近い伝聞によって知ることができる劇中劇『タウリケのイピゲネイア』は、どんなものだったのか、私たちにも容易に想像が付く。エリザベスが

ウイリアムと私、古代ギリシャ語でスピーチをしましたの。観客のほとんどは、言葉を理解していました、もちろん多くは学者と芸術家でしたけど。(『ゴールデン・エイジ』一幕十二場)

というように、その劇中劇は、ホバートのエリート階層と知識階層が、みな素養として精通している「古典」である。そこに劇中劇『リア王』を変幻自在に発達させたような、観客から向けられる粗野で乱暴で、しかし切実な要求は皆無だっただろう。

さらに、劇中劇『タウリケのイピゲネイア』が表象しているのは、中心からもたらされる文化をそのまま受け入れようとする、植民地としてのオーストラリアの姿だ。最初にアーチャー家がこの劇中劇を上演するのは、一九三〇年代後半である。階級社会がすでに確固として存在する時代だ。例えばエリザベスは、植民地の開拓時代から繫がる階級について、このような言及をする。

これは古いんですのよ、一八四〇年代——それぐらいで古いなんて言うのは、オーストラリア人だけかしら——私の祖父が建てましたの。祖父はギリシャが好きでした、代々うちは、古代ギリシャの文化が好きで。それでこんな小さなオリンパスまで作って。祖父はたぶんに異教信仰の気があったそうですわ。残念なことに、その時の建築家は、元流刑囚だったんですが、乏しい資材しか使えなくて。パルテノン神殿は二〇〇〇年かかって崩れてきたでしょ、我が家の神殿なんて一〇〇年かかりませんでしたわ。(『ゴールデン・エイジ』一幕十二場)

彼女が言おうとしているのは、元流刑囚の建築家が乏しい資材を使ったために、オーストラリアの「ギリシャ神殿」は本元のパルテノン神殿より早く崩れようとしている、ということだ。一方、夫のウイリアムは

彼らの文化は我々の文化より、本物だよ。我々豪州人は、二級品の文化で取り繕ってきたが、心の中は砂漠さ。一方彼らは、驚くべき無知と哀しい信仰のために、少なくとも、本当の芯になる部分を、失ってはいない。（『ゴールデン・エイジ』二幕四場）

と言う。これらの言葉を、二つの劇中劇に関連させて考えたい。直ぐ壊れるギリシャ神殿を二級品の文化と考えるなら、そこで夫婦で上演するギリシャ悲劇も、同じように、彼の心を砂漠にするもの、と読み取ることが出来る。一方、原生林の人々は「驚くべき無知と悲しい信仰」であるがゆえに、心になる部分を失っていないとするなら、それは正しい原作としての『リア王』を知らず、いびつに見えるほどに自由につくりあげた彼ら自身のための『リア王』こそ、本当の核心を維持している、と読めるのである。

作者のナウラは、『ゴールデン・エイジ』は、文明と未開についての議論なのではないと指摘しておかなければならない。この戯曲は未開が良くて、文明が悪いと言おうとしているのでもない。両者の集団は、良い面と、悪い面を持っており、それよりもっと両者の関係は繊細なものだ。」と語っている(22)。では、単純な二項対立で作品を読んで欲しくないという作者の意図は、どのように作品に反映されているだろうか。原生林の人々の運命を、先住民アボリジナルの歴史と重ねることは一見可能だ。実際ピーターはこう言っている。

彼らは惨めな子孫だったんだよ、きっともっと惨めだった人間たちの。ちょうど、強固な文化がなく衰退していった、アボリジニのようだ。自然界も、人間の文明も、弱肉強食なんだよ。（『ゴールデン・エイジ』二幕一八場）

しかしこのピーターの発言は、現代人の視点からは批判されなければならない。アボリジナルの人々は決して強固な文化を持っていなかったわけでもなければ、衰退していったわけでもないからである。

二〇一六年のキップ・ウィリアムズ演出によるシドニー・シアターカンパニーの上演は、この問題に重点を置いたキャスティングをした。まずベッシェブは、先住民俳優ラリウイ・ヒックがキャスティングされた。しかしそれだけではなく、息子ピーターと同様、劇中でアボリジナルの人々のことをさげすむ発言をするエリザベスを、著名な先住民俳優アルスラ・ヨヴィッチに演じさせている。このクロス・キャスティングと呼べる趣向によって、『ゴールデン・エイジ』が決して「文明と未開の対比」について語っているのではないという作者の意図が、より明確になっている。

では何と何の対比が見て取れるだろうか。二つの劇中劇を考えてみると、両方とも、同じ植民地人の嗜好や心理から生まれ、劇中で演じられたものである。そしてどちらも、大英帝国の植民地という周縁から生まれたのではなく、文化の中心を起源として、彼らの元にもたらされたものだ。しかしここではその起源が問われているのではない。シェイクスピアでさえも、様々な材源を民話や先行戯曲に求めて作品を創り、さらにそれがまた後世に改作・翻案・読み直しを導いた。どれほどそれを占有したか、すなわち自分たちのものにしたか、自分たちについて語るための切実な欲求を投影させているかが、劇中劇『リア王』と『タウリケのイピゲネイア』の違いである。文明そして『ゴールデン・エイジ』において一見「文明と未開の対比」に見えるものは、同じように、その文化が「中心」からの借りもののままであるのか、それとも自分のものとして占有したか、という対比なのである。

『ゴールデン・エイジ』では、フランシスとメローンの間で行われるレスリングのシーンや、口のきけない登場人物たちが言葉以外のものを使って相手と対話をする様子、劇中劇『リア王』でのエンジェルのパントマイム、ベッシェブの身体に負荷をかけながら行う様々な動作など、印象的なシーンがある。それらはリアリズム演劇から脱却し、ひいては英国演劇を借り物と捉えその系譜から脱却するために、一九六〇年代、七〇年代に小劇場に集った演劇人たちが、自らの国の軽演劇の伝統や、サーカスに着目したり、さらには日本などアジアの演劇の中にある俳優の身体のあり方など、さまざまなものを吸収した。

二〇一六年再演の演出者キップ・ウィリアムズは、「この戯曲の内部では、政治的な対話が進行している。それは、誰がどこに、なぜ、帰属しているのかについて、そして文化間のヒエラルキーについての、絶え間ない問いかけだ。だが同時に、演劇的な対話もまた起きている。」と言う。そしてウィリアムズは、ナウラが、主題をもっぱら自国の中流階級に焦点をあてた一九七〇年代小劇場運動から距離を置き、「わざと、神話的な拡がりを持ったオーストラリアのドラマを書き始めたかのようだ。」と述べる(23)。つまり、ごく身近な日常的題材を通して、自分たちの声を舞台上で初めて響かせたのがオーストラリアの小劇場運動の大きな成果だとするなら、その成果を果てしなく広大な文脈の中に置いてみたのが、ナウラの『ゴールデン・エイジ』だったのではないか。つまり『ゴールデン・エイジ』はそれ自体が「演劇論」なのであり、その根底にはオーストラリア演劇史の流れと同じく、「演劇を自分たちのものにする」という切実な希求があるのだ。

八、劇中劇が光を当てるもの

劇中劇を初期の劇作に多用してきたナウラは、一九八七年のインタビューにこのように応えている。「大学生の時に見た唯一の演劇は、街頭演劇を除けば、自然主義演劇だった。そして私は、人々がリアルであるふりをしているという事実を、見過ごすことが出来なかった。そう、舞台とは明白に、リアルではないものだ。こういうことから、いかに劇中劇が、自分たちの周りに起きていることとの本当の状況に、違う光をあてられるか、という感覚が生まれた。」(24)

このようにナウラは、リアリズムとは違う形で、自分の周りの状況を照らし出すものとして、劇中劇が有効であると考えている。劇中劇は、リアリズムからの飛躍と言うだけではなく、先に述べたような「自分たちの演劇」への希求を、ギリシャ悲劇やシェイクスピアなど世界的古典の力を借りながらより広い文脈に置くために、きわめて効果的だと言える。『ゴールデン・エイジ』の七年後、一九九二年に書いた、ナウラのもう一つの代表作と言える、『コシ』における劇中劇にも、このあたりのことははっきりと見て取れる。ある精神病院で、セラピー治療のため患者に演劇を上演させることになり、その演出を頼まれた主人公の青年ルイスは、モーツァルトのオペラ《コシ・ファン・トゥッテ》を、患者達との悪戦苦闘の末に完成させる、という物語だ。なんらかの障害を持ったひとびとが演じる劇中劇という設定自体、『ゴールデン・エイジ』と『コシ』は共通している。

さらにナウラの、演劇そのものに対する思いが、両作品には共通して表れる。『ゴールデン・エイジ』では、前に引用した台詞でフランシスが「あの芝居が『リア王』のハッピーエンド版だった」とピーターに言った後、ピーターからはその話題について何の返答もなく、話は続かない。そして「太陽が沈む。」というト書きの後に、フランシスは

パッ！消えちまった。(『ゴールデン・エイジ』二幕十五場)

と言う。

太陽の光が消えたのと、その芝居もあの一瞬限りのものとして消えていったことを、重ねているかのようだ。演じる者と観る者が同じ場所、同じ時間を過ごす間にだけ演劇が成立し、それが終われば、もうそれを再現することは不可能だという演劇の宿命を、この台詞は言っている。そして『コシ』でも、ナウラは同様のことを、主人公のルイスに語らせている。精神病院での《コシ・ファン・トゥッテ》が成功し、出演者と来年もまたやろうと言葉を交わしたあと、最後まで居残って劇場の照明を落とすルイスは、観客に語りかけながら、「結局次の年はこなかった」(25)と独白をはじめる。そしてその劇場はオペラ上演の一週間後放火で燃え落ち、患者達もある者は亡くなり、またある者は病院を後にし、みな散っていったことを述べる。そして、

照明を落とす時間だね。(『コシ』二幕五場)

と言い、劇場の照明を切る。精神病院で上演された芝居も、あの一瞬限りのものであり、同じ時間を過ごした演じる者と観る者は、演劇が終われば消えていなくなる。この点で、『ゴールデン・エイジ』の『リア王』も、『コシ』の《コシ・ファン・トゥッテ》も、同じであると作者が見ていることが分かる。

『コシ』では、ロイという患者が、他の患者たちが観たことも聞いたこともない、モーツァルトのオペラ『コシ・ファン・トゥッテ』を、異常な情熱で上演させようとする。一九七〇年頃のオーストラリアの精神病院の患者として、それぞれに壮絶な人生を歩んできたはずの仲間たちにとって、一八世紀の上流イタリア人カップルたちの、愛にまつわる戯れがテーマである《コシ・ファン・トゥッテ》とは、何の接点もない。文化的中心から借りてきた文化という意味で言うなら、『ゴールデン・エイジ』の劇中劇『タリウケのイピゲネイア』と同じかも知れない。さらに、治療の一環として始まったこの演劇上演は、患者たちにとって、やらされるもの、やらなければならないものでしかなかった。しかし全員が悪戦苦闘しながら『コシ』を作り上げていくとき、バラバラな人々がそこにつどって一緒に考え、議論し、汗を流し、ものを作り上げていく体験が、彼らにとって何にも代えがたいものと気づいていく。このオペラに足りないものを自分たちで継ぎ足しながら完成したものは、《コシ・ファン・トゥッテ》という劇中劇そのものが、彼らがその瞬間を生きた証だったことを物語っている。そして人はどんなかたちであれ「自分たちの演劇」が必要だったということを、表しているのである。

九、おわりに―未来の成果に向けて

冒頭で述べたように、『ゴールデン・エイジ』は二〇二四年に日本で初めて上演される。論じたような、文化の「中心／周縁」の問題については、日本とオーストラリアでは歴史的文脈も、演劇史的文脈も少し異なるため、劇中劇が活かされるかどうかは未知である。

一方で、四〇年の年月を隔て、日豪という隔たる文脈を超えて、あたらしく見いだされ得るテーマもあるはずだ。

コロナ禍における不安と恐怖によって、「他者」と見なされた存在に対する排他的な行動が、社会の各所で見られた。その矛先は外国人や、県境を移動する者にも向けられていた。東日本大震災の際、福島から他県に逃れた人たちに向けられた排他的な行動も、同じ原理によるものだった。そして同じ社会は、喉元を過ぎればそのような行為も、矛先を向けた人々のことも、きれいさっぱり忘却してしまう。『ゴールデン・エイジ』で描かれる、原生林の人々を消し去ってしまう「無知と無関心」という名の暴力は、我々の社会もまったく同じだということに、日本の観客は気づくだろう。さらに、優生思想と障害者の問題は、旧優生保護法に基づく強制不妊訴訟がいまだ進行中で、また、障害者が多数殺害された「津久井やまゆり園事件」が社会に与えた衝撃の記憶がいまだ生々しい日本では、重くとらえられるかもしれない。『ゴールデン・エイジ』の物語に、観客が自分事として考える「何か」を見出せれば、本邦初演は成功となるはずである。

『ゴールデン・エイジ』がタスマニア原生林の中で演じられた『リア王』のように、日本で自由自在に解釈され、変容していくのも良い。それを決めるのは演出家であり、その是非を評価するのは、ほかならぬ日本の観客であるはずだ。その未来の成果については、稿をあらためて考察する機会を待ちたい。

注

(1) Louis Nowara, *The Golden Age*, Sydney, Currency, 1985. 佐和田敬司訳『ゴールデン・エイジ』、オーストラリア演劇叢書九巻『コシ／ゴールデン・エイジ』オセアニア出版社、二〇〇六年。本論の引用は同書による。

(2) Elissa Blake, “Lost tribe of Louis Nowra's *Golden Age* make timely return”, *Sydney Morning Herald*, 11 January 2016.

(3)《 》内は劇中の言葉ではなく、戯曲巻末に掲載されたナウラ自身による「グロッサリー」を日本語にしたもの。以下同じ。

(4) 佐々木和貴「Shakespeare Made Fit—テイト版『リア王』をめぐる一考察」『英文学研究　支部統合版』(日本英文学会) 一、

二〇〇九年。

(5)小野昌「シェイクスピアの『リア王』のテイトによる改作について」『城西人文研究』二三・二四巻、一九九七年。および、ネイハム・テイト作、大和高行・杉浦裕子・小林潤司訳『リア王一代記』、鹿児島近代初期英国演劇研究会訳『王政復古期シェイクスピア改作戯曲選集』九州大学出版会、二〇一八年。

(6)内山美樹子「文楽で聴く近松」『國文学』平成一二年二月号。

(7)小野昌「シェイクスピアの『リア王』の材源について」『城西人文論集』二一巻一号、一九九三年。

(8)Katherine Brisbane (ed), *Companion to theatre in Australia*, Sydney, Currency, 1995, p.31.

(9)同前書。

(10)*The Oxford companion to Australian history,* Melbourne, Oxford UP, 1998.

(11)*The Cornwall Chronicle*, 15 December 1852.

(12)Veronica Kelly, *The Theatre of Louis Nowra,* Sydney, Currency, 1998, pp.78-79.

(13)同前書。

(14)同前書。

(15)シェイクスピア作、福田恆存訳『リア王』新潮社、昭和四二年。

(16)同前書。

(17)ネイハム・テイト作、『リア王一代記』。

(18)保苅実『ラディカル・オーラル・ヒストリー――オーストラリア先住民アボリジニの歴史実践』御茶の水書房、二〇〇四年。

(19)Edith Hall, *Adventures with Iphigenia in Tauris: a cultural history of Euripides' Black Sea tragedy,* Oxford UP, 2015.

(20)同前書。

(21)同前書。

(22) Louis Nowra, 1985, preface.

(23) Elissa Blake, 2016.

(24) “ ‘Perfecting the Monologue of Silence’: An Interview with Louis Nowra”, by Gerry Turcotte, *Kunapipi*, volume 9, issue 3, 1987.” ”

(25) Louis Nowara, *Cosi*, Sydney, Currency, 1992. 佐和田敬司訳『コシ』、オーストラリア演劇叢書九巻『コシ／ゴールデン・エイジ』オセアニア出版社、二〇〇六年。

本稿は、科学研究費・基盤研究（C）「オーストラリア現代演劇とストーリーテリング」の成果である。

佐和田敬司　PhD in Media & Cultural Studies (Macquarie University)
早稲田大学法学学術院教授
専門領域：演劇、映像、カルチュラル・スタディーズ
主要業績：『オーストラリア先住民とパフォーマンス』東京大学出版会；『現代演劇と文化の混淆―オーストラリア先住民演劇と日本の翻訳劇との出会い』早稲田大学出版部；『オーストラリア映画史―映し出された社会・文化・文学』オセアニア出版社

下村隆之 PhD in Education (The University of Sydney)
近畿大学教職教育部准教授
専門領域：教育、歴史教育、歴史学、先住民・マイノリティ問題
主要業績："History in the Australian National Curriculum: Content, Competency and Controversy" *International Journal of Curriculum Development and Practice.* Vol.24, No.1.；"Indigenous women facing educational disadvantages: The case of the Ainu in Japan" *UNESCO Prospects: Quarterly review of comparative education* no.167: 43.；「ニュー・サウス・ウェールズ州における歴史教育の変容—ナショナル・カリキュラムの影響を受けて—」『オーストラリア研究』第33号

多田　稔　博士（農学）（京都大学）
前．近畿大学農学部教授
専門領域：開発経済学、農業経済学、水産経済学
主要業績：『海洋国家の歴史に見る日本の未来』萌書房；「水産資源の保全に向けた日豪の取り組み」『サスティナビリティ・サイエンスとオーストラリア研究』（オセアニア出版）；『緑茶需給の計量経済分析』（農林統計協会）
ホームページ：http://tadacom.world.coocan.jp/

水野哲男　PhD in Veterinary Medicine (The University of Queensland)
オーストラリア日本野生動物保護教育財団理事長、日本獣医生命科学大学客員教授、クィーンズランド大学客員上級講師、オーストラリアレッドランド市名誉国際大使および国際関係顧問
専門領域：細菌学、予防医学、ワクチン工学
主要業績：A new concept to stimulate mucosal as well as systemic immunity by parenteral vaccination as applied to the development of a live attenuated *Salmonella enterica* serovar Dublin vaccine. Veterinary Research, 38: pp. 773-794.; Intramuscular vaccination of young calves with a *Salmonella* Dublin metabolic-drift mutant provides superior protection to oral delivery. Veterinary Research, pp. 39:26. Histological structure and distribution of carbonic anhydrase isozymes (CA-I, II, III and VI) in major salivary glands in koalas. Anatomia Histologia Embryologia, 38: pp. 449-454.

加藤めぐみ　PhD in Australian Literature (The University of New South Wales)
明星大学教授
専門領域：英語圏文学、カルチュラル・スタディーズ、オーストラリア地域研究
主要業績：*Narrating the Other : Australian Literary Perceptions of Japan*, Monash University Press；『オーストラリア文学にみる日本人像』東京大学出版会；『移動と境界　越境者からみるオーストラリア』昭和堂（共著）

著者紹介　（執筆順）

宮崎里司　PhD in Japanese Applied Linguistics (Monash University)
早稲田大学国際学術院・日本語教育研究科教授、元早稲田大学オーストラリア研究所所長
専門領域：第二言語習得、言語教育政策、日本語教育
主要業績：“Language Policy and Planning in Asia”, Miyazaki. S. & M. Iino (eds.) ,SAGE Publications India Private Limited;（編著者）『サスティナビリティ・サイエンスとオーストラリア研究：地域性を超えた持続可能な地球社会への展望』オセアニア出版；（共編著）『持続可能な大学の留学生政策：アジア各地と連携した日本語教育に向けて』明石書店；（共編著）『外国人介護職への日本語教育法〜ワセダバンドスケールを用いた教え方』日経メディカル出版；（編著者）『グローバル化と言語政策：サスティナブルな共生社会・言語教育の構築に向けて』明石書店

樋口くみ子　修士（社会学）（一橋大学）
岩手大学人文社会科学部准教授
専門領域：社会学、社会病理学
主要業績：「日豪の不登校支援の比較分析―教育機会確保法とAICSにもとづく施策およびICPAの活動に着目して」『アルテスリベラレス』112号；『サスティナビリティ・サイエンスとオーストラリア研究―地域性を超えた持続可能な地球社会への展望』オセアニア出版社（共編著）

中野千野　博士（日本語教育学）（早稲田大学）
オーストラリア在住　私立高校非常勤講師／ことば工房
専門領域：日本語教育
主要業績：『複数言語環境で生きる子どものことば育て－「まなざし」に注目した実践』早稲田大学出版部；『みぃちゃん、日本語できるよ』Eureka Printing (Victria)；「複数言語環境で成長する子どものことばの学びとは何か－ライフストーリーに立ち現れた「まなざし」に注目して」『日本語教育学としてのライフストーリー　語りを聞き、書くということ』（三代純平編）くろしお出版

加藤好崇　博士（日本語教育学）（早稲田大学）
東海大学語学教育センター・文学研究科日本文学専攻　教授
専門領域：日本語教育学、社会言語学
主要業績：『異文化接触場面のインターアクション』東海大学出版会（単著）、『『やさしい日本語』で観光客を迎えよう－インバウンドの新しい風』大修館書店（編著）；『やさしい英語とやさしい日本語でおもてなし』研究社（共編著）

コロナ禍を乗り越え未来に向かうオーストラリア

2024 年 5 月 31 日　初版発行
編著者　宮崎里司　佐和田敬司

発行者　樽井麻紀
発行所　オセアニア出版社
〒 233-0013　神奈川県横浜市港南区丸山台 2-41-36
TEl: 045-845-6466　FAX: 0120-388-533
E-mail: oceania@ro.bekkoame.ne.jp

ISBN978-4-87203-121-8 C3036　Printed in Japan 2024